地方分権改革の道筋

－自由度の拡大と所掌事務の拡大－

西尾　勝

（財団法人東京市政調査会理事長）

地方自治土曜講座ブックレットＮｏ．115

もくじ

はじめに

この講演は、私がかかわった先の地方分権推進委員会の行った「第一次分権改革」の体験に照らしながら、この四月からスタートした新しい地方分権改革推進委員会にどういう改革を期待するかについて、私の考えを述べたいというのが趣旨であります。

私は、地方分権推進委員会で一九九五年から二〇〇一年にかけて通算六年間活動しました。その地方分権推進委員会が、第一次勧告から第四次勧告まで四回にわたって出したものを受けて、政府は第一次地方分権推進計画を策定し、これに基づいて地方分権一括法を作りました。その法律は、総計四七五本の法律に改正を加えるという一括法だったわけでありまして、中では地方自治法の改正が一番大きな項目になっていたわけです。

そして、この一括法によって実現された新しい制度が二〇〇〇年四月から施行されています。ここで実現した改革のことを、私どもは「第一次分権改革」と呼んでいるわけです。

1 「第一次分権改革」の特徴

私は、従来、この「第一次分権改革」の特徴を次のように説明してきました。まず、「地方自治には、住民自治と団体自治という二つの側面がある」と言われているが、この分類に従って言えば、「住民自治の拡充よりも団体自治の拡充を優先する改革になっていた」と申しました。団体自治の拡充というのは、市町村、都道府県、国との間の関係において、自治体の権限あるいは市町村の権限を拡大すること、あるいは役割を拡大することです。そういう方面の仕事に重点を置いたわけです。

もう一つ、地方自治で重要なのは、地域の住民とその代表機関である首長あるいは地方議会との関係です。ここで地域住民自身の意向が、どのぐらいストレートに、あるいは色濃く、市町村政や都道府県政に反映するか。自治体が行っている仕事が、地域住民の意向どおりになっているかなっていないか。この点で、できるだけ住民の声が届くように仕組みを作る。そこを充実していくのが住民自治の拡充ということになりますが、そちらのほうの問題にはあまり大きな手を着けなかった、と言っているわけです。

次に、「団体自治の拡充」という面にも大きく分ければ二つの戦略・方法があります。一つは「広い意味での関与の廃止・縮減」、もう一つは「事務権限の移譲」という方法であります。

団体自治の拡充のための戦略・方法① ―「広い意味での関与の廃止・縮減」

この「広い意味での関与の廃止・縮減」と言っているのは、現在の状態でも、この仕事は市町村の仕事、この仕事は都道府県の仕事、この仕事は国が担当する仕事という区分けがあります。それでは、市町村の担当と決められていることについては、市町村長、議会、職員、住民たちの思うように決められるようになっているか、というと、必ずしもそうではありません。市町村の仕事と決まっていますが、その仕事はこういうふうに処理しなさいということが、国の法律、政令、省令、告示、通達通知等々にいろいろと書かれておりまして、市町村はこれに沿って忠実に仕事をしなさいと命じられているので、がんじがらめに縛られているのです。この縛りがきつければきついほど、市町村には自由がないわけです。極端に言えば、言われたことをただやっているわけです。

市町村が現に担当している仕事はさまざまでありまして、縛りが非常にきついものから、縛りがあまりなくて自由な領域まで幅広くあります。例えば、一番縛りが厳しいものは、戸籍の事務とか住民登録の事務、外国人登録等の窓口でやっている住民の異動を把握するような事務です。これについては、法務省から詳細なことが決められてきていますので、ただそのとおりにやっているという事務に近いです。

何が市町村で自由に決められることか。住民登録の証明書とか戸籍の謄本・抄本等を発行するときには手数料をいただくようになっていますが、その手数料を幾らいただくかは市町村の条例で決めています。これを幾らにするかは市町村で金額が違って構わないようになっています。これは市町村の自由です。もう一つ大きなことは、証明書を発行する場所を市町村役場という本庁だけでやるか、市内に支所・出張所をきめ細かく置いて、そこでも受け付けて証明書を出すか、受け付ける窓口をどのぐらい細かく配置するか、これは市町村の判断で決定できることです。「うちは町役場でしか発行しない」ということも許されることです。「うちは市内に細かく支所・出張所・連絡所を置いて、そこで受け付けます」というのも市町村の自由です。しかし、それ以外のことはほとんど国で決められている。決められたとおりに仕事をしている、と考えてください。

それから、「義務教育の小中学校を設置し管理運営しなければならない」という大きな仕事があります。その年齢に達した、私立に行く以外の子どもたちを、全員収容できるだけの学校施設を整備することは、市町村の義務になっています。町に小学校一年生になる児童が何人いるのか。誰も私立に行かないときは、全員公立の学校で受け入れなければいけない。市町村は、それが受け入れられるだけの体制をきちんと整備しなさいと義務づけられているわけですから、そういう校舎を用意します。先生を用意するのは都道府県ですが、学校の運営費等々を出しているのは市町村です。そして校舎を維持管理し続けなければなりません。学校の校舎を建てるについては、文部科学省によって細かいルールが決められています。教室の天井の高さは三メートル以上でなければならない、といったことまで詳細にわたって決められているので、そのとおりに校舎を設計して作らなければなりません。

しかし、先の戸籍事務等に比べれば、はるかにいろいろな自由があるのです。どのぐらいお金をかけて校舎を作るかは市町村の自由です。立派なトイレを作ろうと作るまいと市町村の自由です。学校行政には、戸籍以上に、さまざまなところに市町村の判断で動かせる余地があります。しかし、かなり厳格に縛られた仕事です。

もっと自由な仕事となると図書館です。公立の図書館、札幌市立図書館や恵庭市立図書館を作るか作らないかは市町村の自由です。作れと義務づけられておりません。作らなくても構わないのです。しかし、作るときは図書館法という法律がありまして、それに則って作らなければならないというふうになって、それに縛られていますが、学校から見ればずっと広い自由があります。

一番自由が大きいのは、法律が何もないのは文化会館とか文化ホールのたぐいです。この辺については作っても作らなくてもいいものですし、作るときはこのルールに従ってなどという法律は国にありません。全く自由に設計してお作りになっていいものです。

このように幅がありますから、市町村の仕事のすべてについて自由がないわけでは決してありませんが、多くの仕事に縛りがあって、全く縛りがない仕事はないのです。何か縛られています。この縛りが細かければ細かいほど、市町村には仕事をするうえでの自由がないということになります。この縛りが緩められれば緩められるほど、市町村の自分の判断でこうしようと決められる領域が広がるということです。この領域を市町村について広げてください。同じく自治体である都道府県についても広げてください、国による縛りを緩めてくださいということが、「広い意味での関与の廃止・縮減」という選択肢です。

市町村の仕事の範囲は変わらないのです。都道府県の仕事の範囲も変わらないのです。都道府県に一層たくさんのお金を配ってくれるわけではないのです。都道府県にお金が増えるわけではないのです。もっと仕事ができるようにしてくれ、と言っているのではないのです。「仕事をするときに自分たちの思うように決められるようにしてほしい」というのが「広い意味での関与の廃止・縮減」です。こういう改革をしようというのが一つの戦略・方法です。

団体自治の拡充のための戦略・方法②　―「事務権限の移譲」

もう一つの「事務権限の移譲」という方法は、仕事の範囲を変えるという改革です。これまで国が担当していた仕事をすべて国がやらなくてもいいのではないか。一部は都道府県に任せてもいいのではないか。あるいは任せたほうがいいのではないかというものがあるのではないか。それは下ろしてもらって都道府県がやることにしましょう。これまで都道府県が担当していた仕事の一部を、これからは市町村が担当したほうがいいのではないか。あるいはそれで支障がないのではないか。より住民に身近なレベルの政府に下ろせば、よりきめ細かなサービスが行われる可能性が高くなるのではないか。できるだけ住民に身近なレベルに仕事を下ろしましょう、ということです。

仕事を下ろしていく改革をしますと、市町村は今までやっていた仕事に加えて、さらにもっとこの仕事を担当しなさい、というものが下ろされてくることになりますから、市町村の担当する仕事の範囲が広がるのです。別の言い方をすれば、住民に自分が提供する公共サービスの範囲が拡大するわけです。そうしたら、ますます住民に対していろいろなきめ細かなサービスを考えていくことが可能になるのではないか。それは地方自治をより一層充実することではないか、というのが「事務権限の移譲」という戦略であり、方法です。

この「仕事の範囲を変える方法」と「仕事に対する縛りを緩める方法」の二つの戦略の中で、前の地方分権推進委員会がやった改革は「広い意味での関与の廃止・縮減」のほうに、ほとんど傾斜していました。「事務権限の移譲」もある程度手は着けましたが、その成果はごく一部に限られていました。国から都道府県に新しく下ろされた仕事がないことはありませんでしたが、ごくわずかな話で、大して大きく変わったわけではありません。都道府県から市町村に下ろされた仕事もありますが、それほどたくさんではありませんでした。今までの都道府県、市町村の分担関係を大きく様変わりさせるような改革では全くなかった、と言っていいわけです。

2　地方分権推進委員会の成果は、地方六団体が望んだもの

さて、こうなったという結果をまずご説明しましたが、誰がそういうふうにしたのかと言われるかもしれません。地方分権推進委員会の七名の委員、さらに下にいた二四名の専門委員たちがそういう戦略・戦術をとったほうがいいのではないかと考えて、そういうふうにしていったという側面もゼロではありません。そういう側面もあります。しかし、大本は委員会自身がそう望んだからではありません。当時の自治体が望んだのがそういうことだったというわけです。

地方分権推進委員会は、当時の地方六団体に「どういう改革をしてほしいのか、どんどん委員会に提言してください。要望を出してください」とお願いしていました。地方六団体というのは、知事会、市長会、町村会、それぞれの議会の議長会という六つの団体ですから、これが揃えば全国の自治体の総意が形成されると考えられていました。そこからは何回にもわかって膨大な文書が提出されました。そこに都道府県あるいは市町村が希望したことがたくさん並べられていたわけです。

もっと細かく言えば、知事会が要望したこと、市長会が要望したこと、町村会が要望したことが、それぞれ別にあるわけですが、六団体ではこれを協議してお互いに矛盾がないように調整して、これが地方自治体全員の声です、というものを出してきました。これが自治体全員が望んでいることなら、極力実現することがわが委員会の仕事ではないかと考えまして、ここで自治体が望んでいることを関係各省にぶつけて、「自治体はこういう改革を望んでいる。あなたたちもこれに応じてくれるべきではないか」ということを、建設省に、運輸省に、農水省に、言いながら改革をやってきたということなのです。

その自治体が望んだ要望書を細かく分析していただければわかることですが、「住民自治」の拡充を望むような項目はほとんどなかったのです。自治体自身が望んでこなかったということです。望んできたことは、ほとんど「団体自治」の充実でした。そして、団体自治の充実の中で「仕事をもっと下ろしてください、私たちの仕事の範囲を増やしてください」という要望はごく限られていました。それよりも「口を出さないでください」というのが圧倒的でした。その自治体の要望に沿って仕事をしたらこういう結果になってしまった、ということなのです。まず、そう理解していただきたいと思います。

3　三位一体改革

その後、分権改革に関連して、「三位一体の改革」と呼ばれるようになった改革が政治主導によって進められてきました。簡単に言えば、「国庫補助負担金の改革」と国税・地方税の関係の「税制に関する改革」と「地方交付税制度の改革」と、三つのものを一体にして進めようということを、ある人が「三位一体の改革」と名づけて以来、そう呼ばれるようになったわけです。

そして、もう少し中身に入って言えば、「国庫補助負担金をできるだけなくしましょう、減らしましょう」というのは、「これはそれぞれヒモの付いているお金だから、使い道を限定されたお金だから、そういうお金はできるだけ縮小していきましょう。そうではなくて、それを地方税収入とか地方交付税交付金という形で、ヒモの付かないお金に換えてもらいましょう」ということです。自治体から言えば、ヒモの付いているお金は使いにくい、使い勝手の悪いお金です。何もヒモの付いていないお金のほうが、自由自在に使えるお金ですから、使い勝手のいいお金です。「使いにくいお金を使い勝手のいいお金に換えてください」というのが三位一体の改革だったと考えてください。

そういう複雑な改革ですが、それがずっと行われてきまして、結果的には四兆円ほど国庫補助負担金が削減されました。国から地方自治体に年々配られているお金（国庫補助負担金）は大雑把に言って二〇兆円です。二〇兆円あったうちの四兆円、5分の1がこれで減らされた、ということになっています。そして、それに代わって――これは四兆円ではありません――国税から地方税へ三兆円税源移譲をいたしましょう、ということになりました。「国税である所得税として国民から徴収しているもののうちから三兆円ぐらいを減らして、これを地方税である住民税のうちの個人住民税で取るものに三兆円を増やして、直接自治体にお金が入っていくように変えましょう」という改革が行われたということです。

これは今のところそこで止まっております。自治体関係者から言わせれば、このことは非常に大事な改革だったのです。「これに手を着けたとすれば、少なくとも年間二〇兆円のうちの八兆円から一〇兆円程度、国庫補助負担金を廃止すれば、ものすごく大きな効果をもたらす。国と都道府県・市町村の関係、国と自治体の関係は、今までの姿とは確実にかなり違う姿に変えることになるだろう。これは大事なことだ。ぜひやってほしい」ということでスタートしたのです。

自治体から言えば、「八兆円の国庫補助負担金を廃止したら、八兆円の税源移譲してください」というのが希望です。しかし、「そうもいきません、八兆円なくしても八兆円渡しません」というのが国の立場ですが、これは「それでも六兆円ぐらいもらったらだいぶ変わるかもしれない」という希望のもとに始まっているわけです。そうすると、それが四兆円の国庫補助負担金の廃止と三兆円の税源移譲で止まっているということは、中途半端な中間で止まっているわけです。この程度の改革では、あまり歴然とした効果は出てきません。さらに、この三位一体の改革の二期目をやっていただいて、総計八兆円以上の国庫補助負担金が廃止されて、八兆円近い税源移譲が行われるようになると、日本の国と自治体の関係は、今までとは相当違う姿に変わるのではないかと思われています。そういう改革に手が着けられたということです。

この三位一体の改革で行われたことも、自治体の仕事を増やそうとしているのではないのです。事務権限を拡大しようとしているのではないのです。今やっている仕事に対する縛りを減らそうとしているだけです。地方自治体の財源を増やそうとしたわけでは、全くないのです。「今までは国庫補助負担金という形でヒモの付いたお金で渡していたものを以後はなくしますよ。ヒモの付かないお金で入っていくように変えます」というだけです。

ましてや四兆円廃止して三兆円しか税源移譲しなかったのですから、自治体に配られるお金は増えるどころではない、それだけ減るのです。地方自治体は前よりもっと貧しくなる改革になってしまった。そのうえ誰もあまり考えていなかった、地方交付税の総額を削減するという話がもっと大規模に行われたのです。ですから、地方自治体に配られるお金はもっと大規模に減ってしまった。三位一体の改革っていったい何だろう、ということになったのです。「何か少しいい改革かと思ったら、われわれの地方自治体の経営は厳しくなる一方で、ますます大変なことになってきた」というのが全国の市町村と都道府県が今感じていること、という結果になっているわけですが、意図としては「自由度を拡大」するという性質の改革として行われたということです。

結論から申し上げますと、この四月から発足した新しい地方分権改革推進委員会が優先的に取り上げるべき改革課題は何かと問われたならば、私はこれまでの改革路線を着実に継承していくべきであると考えています。つまり、「広い意味での関与の廃止・縮減」路線をきちんと継承していくことだ。それを何とか続けてほしいと私自身は思っています。結論はそういうことです。

ただ、今までは私自身「事務権限の移譲」という言葉と、「広い意味での関与の廃止・縮減」という言葉を使って説明してきましたが、少し考えるところがありまして、これからは「自由度の拡大」と「所掌事務の拡大」という二つの路線と呼び換えて、できれば「自由度の拡大」という戦略を追求し続けてほしい。「所掌事務の拡大」を考えるにしても、それは少し後回しにしていいのではないか、というのが私の基本的な考え方です。

そのことを少し時間をかけて、以下に克明にご説明していこうという趣旨であります。

Ⅰ　地方分権改革の「残された課題」

私どもの参加しておりました、先の地方分権推進委員会は、二〇〇一年七月二日をもって任期満了で解散いたしました。その直前の二〇〇一年六月に「最終報告」をとりまとめまして、当時の内閣総理大臣に提出したわけであります。この「最終報告」には幾つかの章が掲げられていましたが、その最終章に、この六年間の改革でわれわれが達成した主要な成果を整理したうえで、「しかし分権改革にはまだたくさんの課題が残っている。分権改革全体のテーマから言えば自分たちが実現したことはごく入り口の一部の成果でしかない。本当に日本の地方自治を地方自治らしいものにするには、まだまだやらなければいけないことが山ほどある。その山ほど残っている課題は、次のように整理できるのではないか」と言って六点に分けました。

1　地方分権推進委員会の「最終報告」に書き込まれた課題

①地方税財源の充実、確保（地方財政秩序の再構築）

まず第一番目に、残っている課題の中でもすぐにでも手を着けてほしいものは「地方税財源の充実、確保」である。別の言い方をすれば、地方財政秩序を再構築する必要があるのではないか、という言い方をしていました。

第一次分権改革は機関委任事務制度の全面廃止をはじめとして、行政面の改革では若干の成果を上げた。しかし、お金に絡んだ改革はほとんど見るべき成果を上げることができなかった。われわれはやらなかったわけでありません。実現したかったのです。国庫補助負担金の廃止削減をもっと大規模にやりたかったのです。できれば国税から地方税への税源移譲も求めたかったのです。しかし、それはとてもできなかった、許されなかったのです。

許されなかった理由はいろいろあります。関係省庁が全部反対しましたし、当時の大蔵省が絶対に認めないと言い続けたこともありました。いろいろありましたが、とにかくやらせてもらえませんでした。そして成果は上がらなかった。

しかし、日本の地方自治を地方自治らしいものにしようと思ったら、次はこのお金の面の改革をやらなければどうにもならないのだということ。それが残っている非常に大きな課題なのだということをまず冒頭に挙げています。

少し話は飛びますが、日本の自治体では、国民が国に収める国税と、地方自治体に納める地方税の大雑把な比率は2対1です。国税で納めるものを2だとすれば、地方税で納めているものは1になっているわけです。国民の納める税金の3分の2は国に行って、3分の1ぐらいが都道府県、市町村という構造になっています。ところが、実際にお金を使って仕事をしているほうで見ますと、都道府県、市町村の歳出、自治体の歳出のほうが全体の3分の2ぐらいを占めていまして、国が直接している仕事は3分の1ぐらいになっているのです。お金が入っているのと出ていくところがずれている、2対1の構造が逆転しているわけです。

自治体はどうやってその仕事をしているのだろう。お金は入ってきていないのに、それだけの仕事がどうしてできているのか。この歳入と歳出には大きなギャップがあることが日本の特徴です。このギャップを埋めているのが地方交付税制度であり、国庫補助負担金制度です。いったん国に国税として納められたお金を国から地方に配っているのです。この巨額のお金を国から地方に移転させているわけです。お金が移転していますから、これを「財政移転」と言っています。この「財政移転」によってやっと自治体は仕事ができるようになっているのです。

これで、都道府県、市町村はお金の面で国に依存しているわけです。大半の自治体は国からもらうお金なしに仕事ができないようになっています。もらわなければどうにもならない。これを減らして、もっと自前のお金の比率が高くなるようにしなければ自治体らしくならない。これがどうしてもやらなければいけないことなのだ、と言っているわけです。そこでそういう改革をぜひともすぐにでもやっていただきたいというのが、「地方税財源の充実、確保」として第一に掲げられていました。

②法令による義務づけと枠づけの緩和

第二番目に掲げられていたのが、「法令による義務づけと枠づけの緩和」ということです。従来、通達通知の中には、命令、訓令という性格を持っているものが多数含まれていました。つまり、通達を受けた都道府県、市町村は、これに忠実に従わなければ法令違反だと言われるという性質の通達・通知がたくさん含まれていました。全部そうだったというわけではありません。

従って、この通達通知を受けた都道府県や市町村の職員は、いちいち「これは命令だろうか、指導だろうか、助言だろうか、単なる通知だろうか、事務伝達だろうか」などと考えていられませんから、「通達通知を受けたら忠実に従うもの」と言っているほうが簡単だったのです。だから、区分けもしないで、通達が来たらそのとおりやらなければいけないものというわけで、ほとんど従っていました。

そこで、これではいけないというので、「通達通知で自治体を縛ることはいけません」という原則を立てたのです。今もまだ通達通知は発せられています。昔発せられたものがそのまま膨大に残っています。でも、これからは命令ではなくなっているのです。過去には命令だったものも、すべてそれを否定しまして、助言でしかないというふうに変えてあります。

これは大事なことなんですよ。皆さん、ちゃんとわかってくださっているのかどうかわかりませんが、国の各省から都道府県、市町村への助言、アドバイスです。「こうやったほうが賢いんじゃないですか、一番問題のない方法だと思いますよ」と言っているだけの話で、このとおりやりなさい、というものではなくなっています。

自治体はこれに忠実に従わなくてもいいのです。法令には従わなければいけませんが、「法令には違反しないだろう」と思う方法があったならば、それが通達通知で「こうしなさい」と勧められているものと違う方法であっても、やっていいのです。自治体は、もうその自由は獲得したはずなのです。私たちは、そこが今回の改革の非常に大きな成果だったのだ、と思っています。

しかし、それで縛りが大きく崩れたかというと決してそうではない。通達が助言になっても、そのもとにある法律、政令、省令、告示というもので、相当に細かいことまで決めてしまっている。ここまで細かいことを国に決められてしまうと、都道府県にも市町村にも十分な自由がないというふうになっているので、通達通知は退治したけれども、その後ろにある法律、政令、省令、告示という世界を変えなければならない。これが「法令による義務づけ、枠づけを緩和する」ということですが、ここにはあまり手を着けられていません。今度はここを何とかして崩さなければいけない課題として挙げているということです。

さて、以上2点は「広い意味での関与の廃止・縮減」に努力した中でも、まだ十分できていないから、さらにやらなければいけないという話でした。

③事務権限の移譲

もっと大きく言いますと、「事務権限の移譲」のほうにはあまり成果を上げなかったということです。大体、自治体からそういうご希望もなかったし、ということですが、改めて考えてみて、今の国、都道府県、市町村の分担が、本当にいい分担関係でしょうか。更地にして考え直したらいろいろなことがまだあるのではないでしょうか。

「国がここまでやらなくても、都道府県に任せていいのではないか」と思うことがまだまだある。「都道府県がやらなくても、市町村でできるのではないか」と思うことがまだまだあるのではないか。中には逆に、「今まで市町村に義務づけられていたが、市町村ではうまくいかない。従ってこれは都道府県に返そう」あるいは「国にやってもらおうと戻したほうがいいものもあるのではないか」。そう思いませんか。職員の方もいらっしゃると思うのですが。

私は「国民健康保険」を戻したいのです。市町村はこんなものから解放されたいのです。「介護保険」の保険者からも解放されたいのです。介護保険のさまざまなサービスを提供することは市町村なしにできませんし、大事です。全国では民間事業者だけでは駄目ですから、市町村が細かいサービス提供者にならなければいけませんが、保険者になることなど市町村には向きません。こんなものは都道府県が保険者になるか、国が保険者になって一元的にやってもらわなければどうにもなりません。私が、最初にさっさと返上したいと思うものです。

今、現にそういうものもあるでしょう。都道府県がこれまでやってきたけれども、都道府県ではうまくいかない。国が全責任を持つべきだと思うものも中にはあるのではないか。新型感染症に対する対策は国が全責任を持ったほうがいいと、私は思います。中途半端に保健所に依存しない体制を作らなければいけないのではないか。ほかにもいろいろあると思っています。

従って、仕事は地方自治体へ下ろす一方が課題ではなくて、中には国へ上げてしまう、放棄してしまうことが必要なものもあると思っています。どこが仕事を担当することが一番いいかということを、もう一度考え直してやり直す「事務権限の移譲」が大きな課題として出てくるのではないかということであります。

④「平成の市町村合併」の結果を踏まえた「地方自治制度の再編成」

四番目に、第一次分権改革と同時並行して市町村の合併を進めてしまうことになりました。これが「平成の市町村合併」と呼ばれているわけですが、これは同時進行で既に進められてきましたから、ここまでいくとは思っておりませんでしたが、三三〇〇弱の自治体から、いまや一八〇〇ちょっとの数にまで市町村が減ってきています。これをまだこれから三、四年続けるわけですから、どこまで減るのかわかりませんが、もうちょっと減るでしょう。そこまで市町村数が減ってきてしまうという市町村合併に既に手を着けたわけです。

そうしたならば、ここがどういう結果になるかによりますが、必ず都道府県はこのままでいいのかという議論が起こらざるを得ません。誰が考えてもそうです。その問題は必ず起こるだろう。

そうすると、改めて四七都道府県制は必要なのか。都道府県の合併統合は必要なのではないかという都道府県が出てくるのではないかとか、この際、都道府県制をやめて、昔からいろいろ提言のあった道州制に切り替えるべきではないか、というたぐいの議論が必ず浮上します。政治の話題になります。そうしたら、戦後やってきた市町村、都道府県、国という、この体制をどう組み替えるのか、もう一遍大議論しなければならなくなります。今は棚上げしているけれども必ずその議論が起こるだろう。やがて出てくる課題としてあるだろうと言っているわけです。

⑤住民自治の拡充

以上はすべて団体自治にかかわることですが、地方自治のもう一つの重要な話は、住民自治の話です。この仕事をずっと忘れて先送りしていますが、今までの住民自治の仕組みはこれでいったい十分なんだろうか。もう一遍根本から考えるべきところがたくさんあるのではないか。やがて、その問題に真っ正面から取り組まなければならない。これが5番目の課題です。

⑥「地方自治の本旨」の具体化

一番最後に、戦後の日本国憲法、新憲法の第八章には「地方自治」という章が置かれておりまして、そこには「地方自治の本旨に基づいて定めなければならない」というような大原則が書いてあります。この「地方自治の本旨」とはいったい何のことなのか、何が本旨なのか、これが憲法には明らかには書いてありませんので、この言葉は国が作る法律に対する歯止めになりませんでした。もっと分権的な仕組みにしてこなければいけない、こんなに集権的な仕組みを作る法律がどんどん制定されるようでは困る、という気持ちがこちらにありましても、それを抑える機能を憲法が果たしていない。

逆に言えば、最高裁が判決を出して「国会が定めた法律は憲法違反です。これは変えなさい」というような歯止めが効いていない。そこでこういう中央集権国家がどんどんできてしまったのではないか。これからは、国会が作る法律に歯止めがかけられて、「そんな法律は作ってはいけない。もっと地方自治を尊重した仕組みに変えなければいけないのだ」という憲法原理を確立する必要があるのではないか。そうでないと、日本が恒久的な分権型国家にはなかなかならないのではないか。

いずれは、憲法改正は必ず取り上げられるのでしょう。それがいつになるかわからないけれども、きっとそうなるでしょう。その直接の話は第九条から始まるのかもしれませんが、変えるとなったら、至るところを変える余地があるわけでありまして、そのときには、この「地方自治の本旨」というものをもっと具体化して、よく意味のわかる原則を憲法の中にきちんと書き込むことが大事なのではないか。その検討をそろそろ始めておかなければいけないのではないか、ということが最後の課題として掲げられていたわけであります。

2　自治体の「自由度の拡大」に必要な改革課題

さて、そこで今日お話を申し上げることは、この六つの課題のうちの一番目の「地方税財源の充実確保」と二番目の「法令による義務づけ、枠づけの緩和」の二つの課題は密接不可分でありまして、目的としていることが共通のものです。一言で言えば、自治体の自由度を拡大するために必要な改革課題なのだということです。そして、三番目に挙げている「事務権限の移譲」と四番目に挙げている「地方自治制度の再編成」は、これまた密接不可分の関係にある課題で、こちらのほうの目的は自治体の「所掌事務の範囲を拡大」しようという話に関連してくるのです。このことをぜひとも皆さんよく理解していただきたいというのが本日の話の中心になっているわけであります。

さて、ここで一番目と二番目の課題は密接不可分の改革課題であって、どちらも自治体の「自由度の拡大」を目指している課題だと申しました。

裁量権の拡大

まずここで私が「自由度の拡大」と言っている意味をもう少し法律学者たちが使う言葉で言い換えるとすれば、「裁量の余地」とか「裁量権」が広がるということです。市町村が自分で裁量する。自分の判断で決められる領域が広がる。都道府県が自分の判断で、これでいいじゃないかと決められる範囲が広がる。これが裁量権の拡大です。別の言い方をすると、ある行政事務を執行するときの基準や手続きその他について、今までは国が細かく決めていたのを、国はもうちょっと大雑把なことしか決めないことになれば、その先仕事をしようと思ったら、何もなしには仕事ができないのです。行政の仕事というのは。末端の職員がこれを許可するか、許可すべきではないのかというぎりぎりの判断をすることができるような基準を明解に作っておかなければできないわけです。

立法権の拡大

話は飛びますが、税金を徴収するというのは大変なことでありまして、「あなたからはこれだけのお金をいただきます」「払いなさい」というときは、「法律にこう書いてあります。うちの条例にはこう書いてありますから、このルールに従って計算していきますとあなたにはこれだけの税金を払っていただくことになります」と言うと、ぎりぎり向こうは反発します。「なんでそんなに払わなければならないんだ、おかしいじゃないか。よその人に来ているのから見て、俺のところは高すぎるんじゃないか」といろいろなことを言ってくる人がいます。それを全部説明できて、「あなたの場合は絶対にこうなんです。これは公平に行われているものです。ほかの人と絶対に不公平ではありません」ときちんと最後まで説明できるものでなければ、行政は仕事ができないのです。そういうふうに仕組みが作ってあるのです。そして文句を言われないようにして仕事をする。これが末端の職員が仕事をするためにはそこまで決められていないとできないわけです。

そうすると、国の法令があまり細かいことまで決めなくなったら、そのままでは行政の仕事はできないのです。あとのルールをどこかが決めなければいけません。「では、ここは都道府県が自分でルールを決めます」「市町村が決めます」と言ってルールを補充して、「職員はこの国の決めたルールと、市町村が決めているルールに従って仕事をしなさい」という体制にもっていかなければいけないのです。

この仕組みを誰が決めるのか。今までは国がほとんど決めていたのを、都道府県や市町村自身が仕組みを決められるようにしようということです。ということは、企画立案権を国から自治体に奪うということです。企画立案権、仕事の仕方をどういうふうに組み立てるか、そこから自治体に任せろ。今まではそこを全部国にお任せしていた。しかしもう任せません。そこから私たちに任せてくださいといって、企画立案権を国から取ることを意味しています。

もっと別の言い方をすれば、立法権を国から自治体に奪うということです。ルールを作るという権限を自治体に取ってくるということです。ですから、国の法令を簡素にする。大雑把なものに大綱化するということは、都道府県条例、市町村条例、市町村規則が今までよりももっとはるかに重要なものになるわけです。立法権が自治体に移動していくことを意味しているのです。

それをやってくださいというのが、「地方税財源の充実確保」であるし、「法令による義務づけ、格付けの緩和をしてください」ということです。ということは、そういう改革が行われたとしても、市町村の事務事業が広がるわけではありません。今までより範囲が広くなって、今までしていなかったことが出てくるわけではありません。仕事の量、事務事業の量が増えるわけではありません。ある意味で言えば、質が変わるのです。象徴的な言い方をすれば、質と量と言い方をすれば、質が変わるのです。

事務事業の「質」が変わる

最後に、市町村道を維持管理する、あるいは市町村道をさらに改良する。幅員を広げたいい道路に変える等々は、今までどおり市町村の仕事なのですが、そこに今まで道路構造令でここまで国が決めていたところが、国のほうはそこまで決めないとなったら、市町村は自分でルールを作って、自分でうちの市町村道はこうしようと決めてやるようになるということですから、これまでよりも質の高い仕事をすることになります。「どこの業者に請負契約を結んで、どこに舗装させようか」という最後の仕事だけではないのです。その前のルールから市町村の仕事になっていくということになると、ちょっと質の高い、高度な仕事までするようになる。今までなら、都道府県職員が考えていたような仕事まで市町村職員がしなければいけない。あるいは、国の役人が考えていたような仕事まで市町村職員が考えてしなければならないことにもなるわけです。

学校の校舎を作るとき、天井高は三メートル以上と決まっているのだから、みんな何も迷わずに3メートル以上の設計をしろとやってしまうのです。しかし、そこが決まっていないとなったら、「ちょっと天井の高さをどうする？　うちは二メール七〇センチで行くか」ということから考えなければなりません。二メートル七〇センチでいければ建設コストは下がります。これは大きいですよ。

これは具体的にご存じだと思いますが、埼玉県の草加市が構造改革特区で、特区申請をしたテーマの一つだったのです。話がどんどん横道にそれますが、草加という町は戦後急速に住宅地化した町です。東京圏郊外の地域ですから、ある時期にざっと住宅地に変わっていきまして、そこでどんどん小中学校を増築していかなければいけなかった。数年の間に一挙にたくさんの小中学校を作ったのが一斉に老朽化しています。これを改築して毎年二、三校ずつ建て直していかなければいけない羽目に陥っているのです。

ところが、草加市の財政状況は厳しくなっていますので、職員たちは少しでも学校の建設費を下げる方法はないかとみんなでいろいろな知恵を出したのです。そのいろいろな知恵のうちの一つが、天井の高さを低くできないかということです。ある試算をしたら、天井高三メートル以上と言われているものを二・七以上でいいと許してもらえますと、一校あたり二〇〇〇万以上の節約になる。一つ建てるのに十何億かかるわけですから、その金額からいったら知れた金額かもしれません。億からの単位の話ですから、二〇〇〇万はそう大きくありませんが、毎年何校もやっているのですからばかにならない金額です。「うちに限って、ぜひこれを何とか認めて、三メートル以上を緩和してもらえないだろうか」というのが特区申請だったわけです。

こういうことから、国の法令基準に何もないとなった途端に、校舎を作るときは天井高をどうするかということから市町村が決めるのです。そうしたら考えなければいけないわけです。「三メートルでやっていたのだから、昔どおり三メートルでやっていれば何の問題もないじゃないか」と言っていれば何にも変わりません。しかし、ここの基準がなくなった。市町村が「もうちょっと下げたほうがいいんじゃないか」あるいは「下げてもいいんじゃないか」と考えなければいけないということです。それを考えられるようになるというのが「裁量権の拡大」ですし、「企画立案権の拡大」ですし、もっと大きく言えば「自治体への立法権の移譲」です。これを都道府県や市町村が行うと仕事の質が向上するのです。しかし、仕事の量が増えるとか、仕事の範囲が広がるとかという問題ではありません。

3　自治体の「所掌事務の拡大」・「制度再編」に必要な改革課題

さて、次の三番と四番はそうではありません。「事務権限の移譲」と「地方自治制度の再編成」もまた密接に結び付いているものであって、どちらも問題になることは自治体の「所掌事務の拡大」あるいは「再編成」なのです。どこが何の仕事を分担するかということにかかわった話です。

この「所掌事務の拡大」と私が言っていることは、事務を執行する権限の範囲を広げるという意味です。それを企画立案するという話は別です。それを誰が最後に執行するのか。その執行する権限あるいは責任がどこに置かれるか、がテーマになっています。こちらのほうで「事務権限の移譲」が進められますと、地方自治体の担当する事務事業の範囲が広がり、量が増えることを意味しています。仕事が増えることを意味しているわけです。

今まで国がやっていたことの全部を国がやる必要はない。霞が関の本省庁から地方に置かれている出先機関まですべて含めて、国の機関が担当していた仕事のうちのこの部分は「以後は、もう都道府県に任せましょうと言って下ろされたならば、国の仕事は今までより減るわけです。国が執行する仕事は減るわけです。ということは、自治体全体としては今までより仕事の範囲が広がって増えるということです。仕事をやめるのではない限り、国が減るということは自治体が増えるということです。責任が移動するのですから、自治体の仕事が増えます。

では、都道府県が仕事が増えるかといえば、ここはそうとは断定できません。今までやっていなかった仕事が都道府県に下ろされてくるという面があります。でも、都道府県には「市町村に下ろしなさい」と言われるものが出てくる。ですから、都道府県が今までやっていたうちのある部分は市町村へと下ろされて、なくなってしまう。そこへ今度は「これは都道府県がやりなさい」と改めて他のものが下りてくる。この差引計算で都道府県の仕事の範囲が今までより広がるか、量が膨らむか減るか、どういう分担になるのかはやってみなければわかりません。都道府県の場合は減ることもあり得ます。

しかし、市町村から見れば、「事務権限の移譲」という話が進めば、増える以外にはないのです。今まで市町村、基礎自治体で担当していた仕事のうえに、これまで都道府県がやっていた仕事が「これは以後、市町村がやりなさい」と下ろされてくるということは、仕事の範囲が広がってしまう。もっとたくさんの責任を負うということです。

職員の立場から言えばそういう感じですが、もっと積極的に言えば、住民に自分が責任を持って提供する公共サービスの範囲が拡大するわけです。住民に対して負う責任が大きくなるということです。量が増える、仕事が増えるとなったら、職員数を増やさなければいけません。それでなければ対応できません。「今よりも市町村職員の数は増える」と考える。それだけの仕事をさせられるのなら、それだけの財源もちゃんと市町村に移していただかなければ困りますよね。当然です。市町村に配られる財源も増える。もっとたくさんの仕事をするということです。これは間違いありません。

「事務権限の移譲」という話が本格的に取り上げられたら、市町村全体としてみれば仕事が増えるという結果になる。都道府県については差引計算の結果ですからどうなるかわかりませんが、自治体全体としては増える。国が縮小するのですから、その結果は見えています。それを目指すのが「事務権限の移譲」と言われるものです。それが地方自治制度の再編成と密接に結び付いているのだということは、次のところでご説明いたします。

4　「第一次分権改革」と「三位一体改革」は自治体の「自由度の拡大」路線での改革

もう一度言います。「第一次分権改革」とその後の「三位一体改革」、これまで行われてきた分権改革は、どちらも「自由度拡大」の路線に属する改革の第一歩であった。それが十分にできたかと言えばまだ十分ではないのですが、とにかくその方向での第一歩を築いた改革であったというわけです。

「機関委任制度の全面廃止」の本当の意味

改めて言いますと、「機関委任制度の全面廃止」を例に挙げて言えば、これまではこの事務は国の事務として、その執行だけを都道府県知事や市町村長の責任にして任せていたので、あくまでも国の事務だから最後の責任を負うのは国自身です。そうだとすれば、この仕事はこういうふうに処理してください、ということを国の法令で細かく決めて当然ではないか。さらには、この法令で決めるだけではなく、この法律の条文をこういうふうに解釈して運用しなさいということを細かな解釈運用のマニュアル、通達という形で示して、そして国が都道府県、市町村に発して、この通達に書いてあるとおりに仕事をしてくださいね、と言って、大臣が県知事を指揮監督する。県知事が市町村長を監督する。こうやってそのとおりにやっていないところが出たら、「それは法令違反ですよ、あなたたちは法令違反をしているのですよ」という仕組みでやってきたのが機関委任事務制度です。

「もう国の事務だというフィクションをすることはやめましょう、長年都道府県にやらせてきた、長年市町村にやらせてきたのだから、もう初めから都道府県の仕事と割り切ってしまいましょう、市町村の仕事と割り切って頭を切り替えましょう。そんなことまで細かく国がこうしろ、ああしろというのはやめましょう」というのが、機関委任事務制度の全面廃止だったのです。そこで機関委任事務について発せられていた通達通知は命令だったわけです。でも、「これをやめましょう、もう命令ではなくて単なる助言に変えましょう。場合によっては市町村は通達どおりに仕事をしませんよ。それでいいじゃないですか」ということに変えたのです。つまり、縛りを緩めたわけです。自治体に、執行する責任を負っている人に裁量の余地を与えたわけです。市町村、都道府県の自由を拡大したわけです。これが機関委任事務制度の廃止の意味なのです。

もっと言えば、機関委任事務については条例を制定する。機関委任事務については条例が制定できないことになっていましたが、場合によってはそれも許される。だから市町村が新しい条例を作るかもしれない。都道府県が新しい条例を作るかもしれないという余地もちょっとは広がったということなのですが、何よりも条例制定権が広がることよりも、通達に縛られなくてもいいと変えたことが大きなことだったのです。それが十分にまだ効果を発揮していません。十分に職員に浸透していなくて、十分に効果を発揮していませんが、それが大きな改革の意味だったわけです。

「三位一体の改革」の本当の意味

三位一体の改革の意味も、繰り返し言いますが、国庫補助負担金を廃止すると、それにくっついていて、この補助金をもらった以上はこうしなさいということが、補助要綱とか補助要領の中に細かく書いてあるわけです。お金をもらうのは自治体の義務ではありません。補助金をもらえなんてどこにも書いてありません。欲しい人は取りに来いという制度なのです。でも、みんな欲しがるのです。みんな取りに行くのです。そしてもらった途端に縛られるのです。これをもらった以上はこう使わなければ駄目だというのが付いてくる。そのとおりに使わされるのです。釣り針にかかる魚です。食いついた途端に縛られる。これが補助金です。

食いつけとは誰も言っていないのですよ。でも、食いついてしまうのです。食いついた途端に縛られる。この補助金はやめますと、完全に廃止されたらそれにくっついていた補助要綱も補助要領も消えるのです。なくなってしまいます。そうしたら縛りがなくなったということです。今まではヒモの付いたお金で来ていた部分が、地方税の形か地方交付税の形で、市町村に来ているはずだ。これには何のヒモも付いていないわけですから、「このお金を何にどういうふうに使おうと、市町村や都道府県のご自由です」に変わっているわけですから、これは縛りを減らしていることです。自治体の裁量権を拡大していることです。

でもこれが市町村職員、都道府県職員にとってうれしいことかと言えば、そうでもないから困るのです。今までは補助事業、補助金をもらってやる事業だったのですが、毎年翌年度の概算要求をするときに、概算要求書を作って、「来年はこの事業をやりたいのです。これは厚生労働省からこういう補助金があります」というのを出しますと、財政課長に対する説明も結構苦労せずに通る。総務部長査定も通る。副知事査定、知事査定も通って県議会でもあまり問題にならない担当課にとっては楽なのですよ。補助事業、補助金が決まった途端にフリーパスみたいになるのです。何も苦労がないわけではありませんが、苦労の度合いは低いのです。

でも、そうじゃない仕事をしようと思うと、「何も補助金が付かない地方単独事業をどうしてもやりたいのです」という提案をなさったら、この概算要求は大変苦労します。財政課に説明に行く。何でそんなことをしなくちゃいけないのか。国が推奨もしていない仕事を、なんでそんなことが緊急だ。それをやるなら全額自分のお金でやらなくてはいけない。県が補助金を出すよ、国が補助金を出すと言っているものはたくさんあるじゃないか。似たようなものがあるのではないか。そっちをもらいに行けばお金が付くじゃないか。自分のところで出さなければいけないお金はごく一部になるのに、なんでそれを使わないのか。全額自分の持ち出しでどうしてもやらなければいけない理由を説明しろ」などと言われると大変になって、なかなか財政課長さんに通らない。総務部長まで通すのは容易ではないわけです。議会まで行っても、なんでそんな無駄なことをするのかと言われてしまう。そういう苦労があるから、職員から言えば補助金が付いているほうが楽なのです。

補助金がなくなったらどうします？　ここにいらっしゃる公務員の方は、みんな地方単独事業で要求しなければいけないということです。極端に言えば、全部地方単独事業に変わるということです。そうしたらその苦労は大変だということは、職員の方はおわかりになると思います。一から説明しなければいけない。どうしてこれをやらなければいけないか。「これが県民にとってどうしても必要なのです。一番急ぐことなのです。これがわが市民にとって一番緊急なサービスだと思います。全額自分のお金であれ、今やるべきことはこれが最優先だと思います」ということを自信を持ってデータを出して説明して、人々を説得しなければその事業を始められないのです。そういう仕事ぶりに変わるということです。国庫補助負担金を廃止しようというのは、そういうことです。だから、質が高くなると言いましたが、職員にとっては大変難しい仕事になるということです。そういうことをやってきたのが、これまでの改革だったのだということであります。

5　「市町村合併」・「道州制」構想は、自治体の「所掌事務の拡大」路線での改革

「市町村合併」や「道州制への移行」は「事務権限の移譲」を目的としている、「所掌事務の拡大」を目的としている制度改革だということです。

市町村合併の二つの目的　―①分権の受け皿、②財政コストの削減

皆さんが、どのように思われているのかわかりませんが、いまや延々と進められている平成の市町村合併を始めた大本のときに、国会議員の人たちは何と言ったか。政府はそれを何と説明してきたか。どちらも平成の市町村合併を進める目的は、突き詰めて言えば二点に絞られていました。

一つは、「事務権限の移譲」、分権の受け皿として、受けて立てるような市町村にするため。つまり、市町村の平均的な体力を強化するためには、市町村合併が不可欠である。分権の受け皿になれるような市

町村に変える。つまり、市町村全部が問題ではないのです。市町村の中でも小さな市町村、弱い市町村が問題なのです。今の日本の市町村の中にはそれがたくさんあるじゃないか。この三二〇〇幾つという市町村を前提にして、そこに都道府県からどんどん仕事を下ろそうと言ったって、あそこの市町村に下ろしても無理じゃないかという市町村が幾つもありますよね。こういう市町村をできるだけ減らそうという発想なのです。そして、もっと市町村の体力が強化されて、平均的な規模が大きくなったら、もっと都道府県から仕事が任せられるはずだ。そういう市町村にするために市町村合併をしようというのが第一の目的になっていたのです。

そして第二の目的は、合併したほうが財政コストの削減につながる。財政効率化に役立つ。国の財政も破綻状態。自治体の財政もこれからますます厳しい状況になってくることは目に見えている。だから今から市町村合併を始めるのだ。市町村の貧しいところがどんどん追い込められてどうにもならないような事態になる前に合併してもらうのだ。少しでも効率化するのだ、これが第二の目的です。

この二つに尽きているのです。この二つの目的が掲げられて、平成の市町村合併がだーっと全国に始められて、まだ今途上にあるわけです。

それでは、市町村合併したところに事務は下りてきたのでしょうか。皆さん、どうでしょう。第一の目的はそれだったと言っているのですよ。「じゃあ、合併したら下ろしてくれるの、仕事の範囲を拡大してくれるっていう話じゃなかったの」と市町村はみんなもっと叫んでいいと思うのですが、あまりそういう声は出てきません。合併が非常に徹底的に進んだ県とあまり進んでいない県と、非常にばらばらになっていることは皆さんご承知のとおりで、北海道はあまり進んでいない典型です。どんどん進んだところでは、県は下ろしただろうか。下ろしていません。ここもまた全国四七都道府県の態度がものすごく違うのです。

本当は全国一律にきちんとやろうと思ったら、国の法律を全部変えなければいけないのです。今、これは都道府県の仕事、これは市町村の仕事となっているのは、それぞれ国の各省の法律で決まっています。都市計画法は、このことは県の仕事、権限、これは市町村の権限と区分けしているわけです。学校教育法が教育の分担について区分けしているわけです。そして、介護保険法等は市町村が保険者等々と決めている。そうやって国の法令で決まっているわけですから、今まで都道府県の仕事にしてきたものを全国一斉に市町村の仕事に変えるのならば、各省の関係の法律を全部書き換えさせれば、市町村の仕事は変わるわけです。そうしたらもう有無を言わせず、国の法律がそう書いてあるのですから、「何年四月からは市町村が責任を持て」ということになったら、どこでもやらざるを得ないことになるわけです。

しかし、これを国の各省はやろうとしていないわけです。かつての自治省、現在の総務省が文部科学省や農水省や国土交通省に対して、「法律改正してください。仕事を市町村に下ろしてください」と言ったって、彼らはうんと言わないのです。国の省庁は下ろしたくはないのですから。「農地転用の許可権限を県から市町村に下ろしましょう」と言っても、農水省は絶対反対です。下ろしません。「都市計画権限をもっと市町村に下ろせ」と言っても国土交通省は反対です。下ろしません。そこが動かないのですよ。そこが動くのなら簡単ですが、動かないのです。

都道府県から市町村への「権限移譲」は条例を作ればできる

ですけれども、市町村合併を進めて権限を下ろそうということになると、都道府県が自分で都道府県条例を制定して「この仕事は市町村に下ろします」と条例で決めると下ろせるようになっているわけです。

これはこの間の分権改革で新しくできた制度です。これをやるときは、国の各省のご意向を聴く必要はない。教育分野の仕事を県から市町村に下ろすときに、文部科学省に「これをやっていいでしょうか」などと聴かなくてよろしい。国交省のご意向を伺わなくてもいいです。県がいいと言い、市町村が受け取ると言えば、条例さえ決めればできてしまう。その方法でどんどん進めてくださいと、国は、総務省は言っています。

それで進むか。現在は進んでいないのです。四七都道府県の中で、比較的どんどん下ろそうとしている県、「合併をやったのもそういう趣旨だし、うちの県の市町村はどんどん合併したのだから、もっと下ろそう」と言って、県の中で「これも下ろせる、これも下ろせる」というかなり幅広いリストを作ったという県と、そういうことをほとんどしていない県とあるわけですが、かなり思い切ったリストを作って市町村に下ろしますよ、と言っている県のほうがまだ少数派です。しかし、ないことはありません。

例えば、比較的進んでいるのは広島県、あるいは静岡県等々は下ろそうと言っているほうです。しかし、下ろそうと県が決断したところはみんな下りたのでしょうか。下りません。県は「下ろしますよ」と言っていますが、市町村が欲しいと言わないのです。受け取ると言わないから下りません。理由はいろいろです。「人はちゃんと付けてくれるのだろうか」「県が下ろすと言ってリストに並べたものはごみみたいな仕事で、負担になるばっかりで、そんなものは全然おもしろくない。要らないのだ。本当に欲しいのは別のことなのだ」とか、理由はいろいろあります。いろいろありますが、市町村のほうも喜んでやるという体制ではないのです。受け取らないのです。ですから、大して進みません。

では、どういうことになっているのか。仕事を下ろすために合併してきたのではないのか。下ろさなければいけないのではないか、という課題が残っているわけです。これを下ろすことになれば、一番徹底しているのは、各省に全部覚悟を決めさせて、もう一遍法令大改正を一括法でやって市町村に下ろさせればいいのです。そうすれば全国一斉に市町村に下りてきます。これは有無を言わせず、嫌でも受け取れと言って下りてきます。市町村合併はそういうことを目的にして進んでいるのだ、これは仕事を下ろすことが前提になっている制度改革だ、ということを頭に入れてください。現実はそこまで行っていませんが、本来はそういうことだったのだということです。

「道州制」構想は国から仕事を下ろすことが大前提

道州制という話がなぜ出てくるのでしょうか。共通していることは、国がやってきた仕事をもっと下ろせと言っているのです。国がそこまでやる必要はないのではないかと言って、もっと下ろせと言っている。その受け皿を今の都道府県にしないで、新しい道州にしたらどうだというのが道州制ですが、道州制構想は国から仕事を下ろすことが大前提なのです。その受け皿として、今の都道府県をやめてそれに替えて道州にしようじゃないかという構想が道州制だと思えばいい。これは仕事を下ろすという発想と密接に結び付いた構想なのです。ですから、この地方自治制度を再編成する。市町村を組み替えよう、都道府県の姿を組み替えようという話は、必ず事務の分担関係を変えようという発想と結び付いて出てくる構想だということです。

そして、もう一つの関係である「事務権限の移譲」は、今度は地方自治制度の枠組みの再編成を促す。両方から起こるのです。まず、事務権限を下ろすことをどんどん進めていくと、その結果、地方自治制度を再編成せざるを得ないということが起こってくる。その意味でも両方がつながっているわけです。

例えば、市町村に下ろすことをこれまでもどんどん進めてきました。そのとき、全市町村に下ろすわけにはいかないということから、まず大都市には下ろそうというので政令市が出てきた。その次にもうちょっと三〇万程度でもいいのではないかというので、中核市を作った。二〇万程度でも相当な能力があるのではないかというので、特例市を作った。その下、今一〇万はなくて一般市になって、町村になっている。こういう階層になっているわけです。

戦後の歴史を思い出してください。政令市を作ったら、政令市はもっと権限を下ろしてくださいと要求し始めます。政令市になったところは必ずその要求を始めるわけです。指定都市連絡事務局から始まって、指定都市市長会を作って毎年要望書を出している。「もっと県から権限を下ろしてください、もっと下ろしてください」というのが政令市の要望になります。そうすると、「なんで政令市ばかりに下ろしてくるのだ、われらにだってもっと任せてもいいじゃないか」というのが中核市構想問題で市長会から出てきたわけです。それで「三〇万以上は特別なランクを認めろ」と言って、中核市という制度が生まれますと、今度は中核市は「政令市並みに権限をちょうだい」とみんな要求し出すのです。特例市を作ると、特例市は「今の中核市ぐらいの権限をくれてもいいのではないか」とみんな言い出す。こうやって新しいランクができると、新しいランクが制度の改正を求め出すのです。

ではどうするという話になっていって、地方自治制度はこのままでいいのかという議論になっていく。事務権限の分担関係を変えると制度に跳ね返ってきてしまうのです。都道府県にどんどん仕事を下ろせばいいじゃないかという話は、それでいいのかという話になると道州制に跳ね返ってしまうわけです。こういう連動を始めるのだという、そういう関係になっているのだということを頭に入れていただきたいのです。

この三番目と四番目は密接不可分の課題で、ここでは仕事を誰がするのか、どこに仕事を任せるのか、仕事の範囲や仕事の量そのものが課題になっているのだと考えてほしいのです。さて、くどい説明になってきましたが、先に行きます。

実は、この二つの路線が大きな路線としてあるのですが、それぞれ功罪両面があります。

Ⅱ　「自由度の拡大」路線と「所掌事務の拡大」路線それぞれの功罪

1 「自由度の拡大」路線の功罪

①メリット ――事務事業の質の向上

第一の「自由度の拡大」路線の功罪を分けるとすれば、「効」の面、メリットの面で言えば、繰り返しになりますが、自治体の自由度、裁量権、企画立案権、立法権を拡大していくという意味で、地方自治の充実につながる改革だということです。このことはいいことです。そして、これは事務事業の質にかかわる話か、量にかかわる話かという大きな分類で言えば、質にかかわる話で、質の向上をもたらそうとしていることなのです。

一般的に自治体のサービスの質が向上するだけではなくて、地域特性に対応した個性的な自治を許容していく、広げていく意味を持っています。つまり、自治体の自由度が拡大するということは、それぞれの自治体が自分で判断して決めるわけですから、隣の市とうちの市とやっていることが違って当然だ、ということなのです。隣の青森県がこうしていても、北海道はそうしない。北海道はこうしていても、青森も秋田も違うことをやるよ。それが地方自治でしょう、という世界をどんどん広げるわけです。それぞれがばらばらに違うことをやって当然でしょう。これが悪いことかと言えば、いいことのほうが多いのではないでしょうか。それぞれ地域特性にあったことを、それぞれの自治体が選んでいる結果になるのではないか、ということであります。

地域特性に対応した個性的な自治。この地域特性はいろいろあります。その土地の気象条件もあります。日本列島は南北が非常に長いですから、寒冷で冬の積雪が非常に多い地域もあれば、ほとんど雪の降らない沖縄まであるわけです。寒冷地と夏にものすごく暑い地域は全く条件が違います。

例えば、小中学校の学期や休みをどうするかは地域によって違っていいでしょう。冬が厳しい北は冬休みを長くして、夏に涼しいのなら夏休みは長く取ることはないからちゃんと授業をやってしまう。南は、夏休みが長くて冬にはほとんど休みがない。それで構わないじゃないかということになりますね。これは気象条件による対応です。これは、従来は都道府県単位の教育委員会が決めるようになっていました。それがこの間の第一次分権改革で市町村教育委員会が決められるようになりました。ですから、四月一日から始めるのか、四月五日から始めるのかは市町村教育委員会が決める。市町村の中の公立学校は一斉にそれに従いますが、隣の町とは違います。隣は四月六日からでうちは四月五日から、というふうに全部違ってくるかもしれない。それでいいじゃないか、ということなのです。そうやってどんどん、学校の学期をどう決めるか、休みをどう決めるかということから、保育所、幼稚園、学校や老人ホームで行われる給食ではできるだけ地元の食材を出しましょう、ということもある。カロリーの計算などは、一番健康にいい状態を保つことに関して国からいろいろな基準が示されるのは当然でしょうが、食材に関する限りできるだけ地元の食材を生かしましょう。地産地消の給食をやりましょう、と言ったら、出てくるものは地域によって全部違う。地域ごとに特色がある。それでいいじゃないですか。

もっと別のいいことを言えば、この地域特性の中には、そういうさまざまな事柄のほかに、うちは貧しい自治体だ、うちは豊かな自治体だという地域特性があります。「お金のあるところは、幾らでもお金を使って贅沢なものをお作りになるでしょうが、うちはそんなにお金はないから学校施設も極力簡素に作ります。教育で大事なのは施設じゃありません。教師と生徒の関係です。これこそ教育の本質です。そこでしっかり教育するから施設の面はちょっと手を抜きますよ」という学校が出たってしょうがない。うちはお金がないからこうする。うちはお金があるからここまでやる。そういうこともそれぞれの自治体の個性に従った、政策の個性なのではないかということです。

ともかく地域特性はさまざまにありますが、それぞれの地域の条件に合った住民に対する福祉を最大限にするには、どういう政策をすることが一番いいかということを、自治体が判断してやっていくのが地方自治でしょう。そういう余地を広げる結果になるでしょう。これが自由度の拡大路線の効の側面です。

②デメリット　―改革の効果がわかりにくい

しかし、罪、要するにデメリット、あまりありがたくない面も、この路線にはあるのです。

それは何かというと、職員にとって、ましてや地域住民にとって、改革の効果がわかりにくいことです。変わるのは、国の職員と国の官僚と都道府県職員のやり取りの姿です。県庁職員と市町村職員のやり取りの中身が変わります。前はうるさかった。もうあんまりうるさいことを言わなくなった、という変化です。職員同士の話なのです。官官分権をやっているのではないかという形。役人の世界の中の分権論議をやっているのではないか。どこがどこまで口を出していいかという話をしている。住民から見たら何も関係ない。「何をやっているのだ。今度、変えたとか言うけど、何が変わったのかわからない。国や県があまり市町村の職員に口を挟まないように、介入しないようになったらしい」。それで何が変わるのかわからないのです。職員にもよくわかりませんが、住民から見たら何が変わるのか全然わかりません。

これは大変に大事な点です。あくまで皆さんの自由にしたのです。ちょっと今までよりは自由にしたのです。自由にしたことが変化なのです。自由にしたら変化が起こりますか。起こるとは限らないのです。起こらないほうが多いのです。自由にすると、何もしないのも自由なのです。変えない自由もあるのです。変えろとは言っていないのです。「今までこうしろと言ってきましたが、もうこうしろと言いません」と言うだけで、「どうしろ」というのは付いていないのです。「そうですか。じゃあ、面倒だから前のとおりやっておこう」となって、ほとんどがそれをやるのです。特別変える理由もないし、支援もないし、誰も求めていない。「去年までやっていて、国がそれをご推奨だったのだから、そのとおりやっていれば何の文句もないのでしょ」と言ってやっていれば変わらないのです。住民から見たら何が変わったのですか。何も変わらないですよね。自由になったけれど、前のとおりやっているから何も変わらないのです。これが困ったことです。

第一次分権改革をやりました。機関委任事務制度を全面廃止しました。通達の縛りをやめました。「皆さん、もう通達に縛られないで仕事ができます。大変なことなのですよ。これを生かしてやってくださいね」と、私は行くたびごとに言っています。しかし、何もなさらないのです。そうすると何も変わらないのです。自由とはそういうことです。変える自由もありますが、変えないのも自由のうちなのです。

前のとおりやるのも自由のうちです。それを誰も禁じていない。許容しているのです。だから改革はわかりにくい。そして改革の成果が現れる保障はありません。誰もこうしろと命じていないのですから。

そうすると、「ああ、自由になったのか。こういうことができるのだ」と気づいてやり始める自治体がぽつんぽつんと出る。それも札幌市が全市的に一斉に改革に燃え立つのではなくて、あるセクションだけが何かやり始める。すると、「へえ、そんなことをやっていいのだ」と見ていて気づくところがほかに出てくる。「いつからあんなことがやれるようになったんだっけ。あれ？ 誰も文句を言わないのね。道もやめろと言わないし、国も言わない。できるらしい。じゃあ、うちもやろうか」なんて真似するところがぽつぽつと出てきて、徐々に広がることになってきます。

ですから、第一次分権改革のとき、改革の成果が出てくるのに何年ぐらいかかりますか、と言われて、私は常に一〇年はかかると言ってきました。でも、二〇〇〇年からこの制度が施行されているわけですから、あと三年です。あと三年で本当に全国に出てくるでしょうか。出てこないのではないかと思います。二五年かかると言っておくべきだったのではないかと後悔してます。そういうふうに苛立つぐらいに出てこない。でもそうやってぽつぽつと出てくる。これが漸進的だということです。漸進的に出てきたら、本当に全国に波及してみんなが変わってくれるだろうか。それは確かではありません。それは不確実です。変化が起こるかどうかあやしいということです。その変化が起こってくるためには、自治体職員が徹底して意識改革をしてくださらなければいけない。この改革の成果を上げようと思ったら、自治体職員が徹底して意識改革をして能力を向上させなければ起こらない、ということです。そこが変わらない限り、大本の改革があっても成果は出てこないという改革路線だということです。

さて、次の「所掌事務の拡大」路線のほうにもそれぞれ功罪があるのです。

2 「所掌事務の拡大」路線の功罪

①メリット ―変化がわかりやすい

こちらの効の側面があるとすれば、自治体あるいは市町村が担当する事務事業が広がるということは、住民に提供する公共サービスの範囲が広がる。市町村が政府体系の中で持っている役割が今まで以上に拡大するのです。自分で執行する権限と責任を負う範囲が広がるということです。それをうまく運用していけば、住民に対してますますいいサービスができる自治体に変わる余地が出てくるということです。

この改革のいい点は、変化がわかるということです。職員にも歴然としてわかります。これまでは県がやる仕事だと思っていたのが、来年からは市町村がやれという話になった。課を作ったり係を作ったりして対応しなければいけないのだ。職員を貼り付けて予算を配当しなければいけない。役所の中の組織変更が必ず起こるのです。そうすると職員みんながわかります。今度からこういう仕事が新しく追加されるのだとか、住民にもある程度はわかる。今までは市町村はそんなことまでやっていなかったらしいのに、これからは市町村がやるらしい。例えて言えば、「今は旅券を取りに行くために県の事務所に行かなければいけなかったのが、市役所でもらえるようになったらしいぞ」という変化になるわけです。

業者ならもっとわかります。「今までは、あの河川の土木事業は県に名刺を持っていかなければならなかった。入札のときはぜひうちにお願いします、と言っていかなければいけなかったが、これからは市町村を回らないと駄目らしい。あれは市町村が担当するらしい」となったら、市町村に名刺を持っていかなければなりません。業者にとっては商売の相手方が変わりますから、全部そのことを頭に入れて対応しなければいけない。分担関係が変わるというのはそういうことです。地域住民にも業者にもわかる。そして、いいかどうかはともかくとして、何が変わったのか、こういうふうに変化が起こったのだということがわかりやすいのです。改革後の効果が目に見える。

市町村職員にすれば、あるいは市町村長にとっても嫌々であったかもしれない。嫌なのに国から押しつけられたのかもしれません。でも、「やれ」と法律を作られたら対応するのですよ。これに対応することには、明治以来訓練されてきて慣れているのです。一斉に立派に対応します。法令違反はしない。法令に決められたら従います。今まで「広域連合を作ってみたら」と言っても全然動かなかったところが、全県単位で広域連合を作れと言ったら全部作ったじゃないですか。「作る自由があります」と言っているうちは駄目なのです。「作れ」と言ったら作るのです。一斉に作っちゃった。だから早いのです。即時的に、全国一斉、画一に効果が現れる。

②デメリット　―新しい仕事を義務づけられる

でも、その罪、デメリットは明らかです。これは自治でしょうか。要するに、都道府県の仕事が広がる、市町村の仕事が広がるのはいいように聞こえますが、市町村は新しい仕事を国から義務づけられるということです。「おまえさんの義務だよ、やりなさい」と言われる。冗談じゃない、今まで国がやってきたことをこれから都道府県にやらせてあげる。都道府県にやりなさいというわけです。道州を作って、そこにやらせるということです。国が義務づけているのです。義務づけることを喜ぶのでしょうか。

それだけではないわけです。事務の権限配分を変えると自治制度の再編成になってしまうと申し上げました。

市町村合併は、究極的には何町と何町が合併しなさいと国が命令することは絶対にできないようになっていますし、やらないという方針で進んでいます。しかし、事実上あれは強制的な運動じゃないかと多くの人は感じています。ほとんど脅迫されているのではないか。あらゆるところで、財政的にも締め付けられて合併せざるを得ないようなところに追い込まれているのではないかと思っていらっしゃるでしょうが、何市と何町と何町と合併しなさいということはやっていないのです。

しかし、「道州制」構想はそうではありませんよ。都道府県を一斉に廃止してしまうのです。北海道の意向など無視して、ある日から北海道はなし、東京都はなしと国が決めるのです。東京都も神奈川県も完全自治体だと言っていませんでしたか？　完全自治体をなんで国の意志で廃止できるのですか。「われわれは、自治をやめることにしたいなんて言っていないのに、明日から廃止ですなんてどうして決められるのですか」と思うのですが、これが決められるのですよ。今の地方自治法をよく読んでほしいのですが、市町村にはそういう制度はありませんが、都道府県にはそれが残っています。「都道府県の廃置分合は国の法律で定める」と書いているのです。国の意志であっさりと県は廃止できるのです。

そして、そうやって自治を否定して、その上に道州を作ってあげるから今度はこれでやりなさい、というのが道州制です。すべて国からの強制です。これはいいことかもしれません。しかし、あくまでもそれは国の強制によってできあがる制度ですよ、ということであり、地方自治の意向とは別の配慮で幾らでも組み立てられてしまう可能性を持っているものです。これが第二の路線の持っている弊害面です。これを忘れないでいただきたいと思うのです。

Ⅲ　地方分権改革推進委員会に「自由度の拡大」路線の継承を期待する理由

そういう私なりの理解のうえで、この四月からスタートした地方分権改革推進委員会にどういう改革を望むかと言われれば、私は「自由度の拡大」の路線を着実に継承発展させてほしいし、そう期待しているということなのであります。つまり、「自由度の拡大」路線というものはやりにくいことですし、難しいことですし、その効果は歴然としないという批判を随分浴び続けてきているのですが、やはりこの路線を忠実に拡大していくことが大事な分権改革の課題なのではないかと、私は思っているのです。

①税財源の改革を引き続きやってもらいたい

最初の理由は、これまでやってきた改革路線が基本的に正しい路線だと思っていますので、ぜひそれを継承発展させてほしい。なかでも「三位一体の改革」として始まったことが中途半端で終わっている。そして、それは自治体が望んだような姿には決してならなかったということも明らかである。しかし、あそこでやめてしまったのではあまり意味がないのです。効果が乏しいのです。あれを始めたからには、あの続きをぜひともやりとげなければ意味が出てこないのです。ですから、特に税財源の改革という問題について引き続き先をやっていただきたいということを強く期待しているのです。

②国が決めることを自治体が決められるようにする

二番目に、日本の行政システムは、集権的分散システムだからであると述べていますが、この言葉は、もともと東京大学の財政学者である神野直彦氏が使ってきたことばです。「集権分権」と「集中分散」という二つの軸を組み合わせてお考えになっていらっしゃるのですが、「行政上の仕事、公共サービスをできるだけ国に留保して国自身がやります。自治体にはあまりたくさんのことを任せません」というのは集中的なシステムの国。「自治体に、たくさんの仕事を任せている国は分散的なシステムの国」という定義なのです。

そのうえで、今度はその仕事は誰がするかではなくて、その仕組みを誰が決めているか、事実上の仕組みを決めてしまっているのは誰なのか。それが国であれば集権的な国、そこを自治体に任せていれば分権的な国、という組み合わせです。そういう組み合わせで言うと、日本は集権的分散システムの国です。よその先進諸国よりも自治体にたくさんの仕事をやらせている国だというのですから、分散的なシステムです。しかし、やらせているのでありまして、その中身の大事なところは国が決めている。だから集権的なシステムと言っているわけです。

私は、神野さんの言うとおりだと思っています。明治以来そうでしたが、特に戦後はそうです。日本は自治体に仕事をやらせてくれていない国ではないのです。たくさんの仕事を自治体にやらせている国なのです。何よりも、日本では公務員の中で、国家公務員は4分の1ぐらいしかいないのです。4分の3は地方公務員です。これは先進国の中で地方公務員の比率のものすごく高い国なのですよ。よその国のほうが国家公務員の比率がもっと高いのです。そのぐらい地方自治体にたくさんの仕事をさせている国だ、というのが大事なところです。でも、その実質的な決定権は国が握っています。このシステムをこれからどう変えていくか、徐々に変えていくかが今問題なのです。

だとすると、「これまで以上に、自治体にたくさんの仕事をさせることが日本にとって大事なことなのでしょうか」と言われると、私はそうではないのではないかと思います。そんなに自治体にたくさんの仕事をさせている国はあまりないのだから、もうこれ以上させると言っても限度があるんじゃないか。そんなに国の仕事を縮めなくていいのではないか。これ以上市町村の仕事を増やさなくていいではないか。もっと大事なことは、集権的で国がみんな決めていることを自治体が決められるようにすること。それが日本の課題なのではないかと私はずっと考えてきました。だから、日本における課題は自治体の自由度を拡大すること。そこに焦点を当てなければいけないのであって、仕事の範囲を広げることは二次的でいいのではないか。先ほども言ったように、まだそこにも考える余地があるかもしれません。しかし、それが急ぐ課題ではないのではないか、というのが私の一貫した考え方であるのです。

③改革の鉾先を市町村・都道府県ではなく各省庁・族議員に向けてほしい

そして、せっかく地方分権改革推進委員会などという内閣レベルの諮問機関を作ってくださるのならば、そこにやってほしいことは各省と闘ってください、ということです。各省を支えている国会の族議員と闘ってください。そこが改革の壁になっている。抵抗勢力になっているので、その抵抗勢力の壁を一つでも二つでも破ってくださることが大事なことなのではないか。

そうではなくて、「所掌事務の拡大」の話になりますと「事務権限の移譲」、「道州制」をどうするか。この「平成の市町村合併」にどういう結末をつけるのか、ということです。市町村をさらにどう変えなければいけないのか、という話にもっていきますと、改革の矛先は地方自治体に向くのです。市町村よ変われ、都道府県よ変われ、という話に勝手に変わってくるのです。

もちろん、そういうふうに受けて立って変えなければいけないことも、自治体側にたくさんあると私は思っています。そこの課題がないとは思っていません。たくさん課題があると思っていますが、そんなことは地方分権改革推進委員会がやってくれなくてもいいのではないか。もっとほかのところがやってくれれば十分ではないかと思っています。

そちらの話になると、六団体は必ず結束が乱れます。市町村合併問題は必ず乱れました。町村議会、議長会は反対です。けれども、「やれ」と言って進んできたのです。道州制度になったら知事会は分裂します。賛成派と反対派に必ず分かれるでしょう。もう六団体がガタガタです。必ずそうなります。自治体のあり方を変えようという話が中心になるのですから、そうならざるを得ません。けれども、それがやってほしいことなのかと言えば、それは地方分権改革推進委員会の仕事ではないのではないか。もう一歩分権改革の壁になっていることを破っていただくのがあなたたちの仕事ではないか、と私は思います。

④道州制については「道州制ビジョン懇談会」と「道州制調査会」に任せたらいい

もっと細かく言えば、さまざまな機関が並行してものを決めるような動きになってきているのです。分権改革を「地方分権改革推進委員会」だけが扱うのかと言えば、そうではなくて、道州制担当大臣が設けられていまして、そこには「道州制ビジョン懇談会」という、大臣の私的懇談会なるものが既にスタートしています。ここが道州制ビジョンを夏までにまとめてくるなどと言われています。

では、安倍政権はここにビジョンを作らせようとしているのかというと、どうもそうではないらしいのです。実際に作れと言う指令が出されているのは、自由民主党に設けられている「道州制調査会」に対して、総裁からその指令が出ています。党が責任を持って作れと言われていると言って、ここの会長は杉浦正健さんですが、杉浦さんはものすごく張り切っているのです。「道州制調査会」は俺のところがやると言って、今作業に熱を上げていらっしゃいます。

「道州制ビジョン懇話会」は何をするところかと言えば、各界の代表者を集めて勝手に議論をする。ガス抜きをする。このガス抜きの懇談会が全国を巡回して歩く。地方公聴会を開催して歩く。そして、あの評判の悪いタウンミーティングをやる。官製ではないかと言われてちょっと逡巡していますが、これから官製ではない公聴会をまたやるというわけです。九州へ行って経済界の人を集めて議論する、北海道へ行って議論する。そういうことを全国巡回して、道州制へ向けた世論を喚起していくのがこの「道州制ビジョン懇話会」の役割だと考えられているらしい。表で派手にいろいろな演出をなさるかもしれませんが、どうもここが中心ではないらしい。中心になるのは自民党の「道州制調査会」らしいと言われています。

道州制には既にここに二つの機関があります。ここに「地方分権改革推進委員会」がまた道州制にかかわるようなテーマを審議し始めますと、三つの機関が並行して審議する形になる。これはいろいろな混乱をこれから起こしていくのではないかと思うので、そういう話はそっちに任せておいたらどうでしょうかというのが私の考えです。

もう一つ、世の中全部が忘れていますが、地方制度調査会がここのところ一年以上存在していないのです。地方制度調査会は戦後今の仕組みで作られ出してから第一次、第二次、第三次と作られまして、大体は任期二年で来ていまして、昨年二月に道州制答申を出して解散したのが第二八次地方制度調査会ですから、昨年二月からこれで一年三カ月ぐらい地方制度調査会は存在していないのです。第二九次地方制度調査会は存在していませんし、これが立ち上がるのかどうかいまだに不明です。もしかしたら作らないのかもしれません。しかし、やがて作るのではないかと思われています。これがずっと放置されていました。

しかし、やがてこれが作られるのだとしたら、第二九次地方制度調査会には何を検討しろと総理大臣は諮問するのだろうか。ここが問題です。そこに何らかのテーマが割り当てられますと、第二九次地方制度調査会はまた審議を始めます。地方分権、地方自治にかかわるいろいろな審議機関がたくさん並立しているのです。そこが全部並行して議論を始める。そうすると非常にやっかいな様相になってくるだろうと思っています。地方制度調査会に任せればいいような話は、地方分権改革推進委員会がやらなくてもいいのではないか。あえてその分担関係を明確にしたほうが生産的ではないかと私は思っておりまして、そういう観点からこの地方分権改革推進委員会には、従来の路線を着実に継承してほしいと思っております。

しかし、もし「自由度の拡大」だけでは地味でおもしろくない、国民によくわからない、もっと国民にわかりやすいような派手なことをしたい人たちがたくさんいらっしゃいますので、猪瀬直樹さんをはじめとして、何か目立つことをやりたいわけですよね。ニュースになるようなことをやりたい。「東京の真ん中に東京DCを作ろう。あそこが税源を全部握っているのはおかしい。全国に配分してしまうために東京の真ん中は直轄市にしてしまえ」なんてばーっと新聞に載りますよね。「地方議会は議員が半分でいい」とか発言なさったとこの間新聞に出ていますが、どんどん刺激的なことをおっしゃるだろうと思うのです。

ああいう方がいらっしゃいますから、いろいろなところへ拡大していくのでしょうが、「所掌事務の拡大」というような話に踏み込んでいくのならば、この話には二段階あるわけです。国から広域団体へ、道州にか現在の都道府県にかは別として、広域団体に対して下ろすという話と、広域団体から市町村に下ろすという二段階の話があるわけです。その前段の「国から何を下ろすべきか」という話は、道州制ビジョンそのものにかかわる話ですから、それはいじらないほうがいいのではないか、と私は思います。これはあくまで私個人の意見ですが、もしその世界に踏み込むのならば、都道府県から市町村への「事務権限の移譲」という話に踏み込んでみたらどうか。それならばそれでやるべきことはいろいろあるように思います。

そして、法令の規律密度を緩めるという話も、各省所管の法令に踏み込んで改正を求めなければいけない性質の仕事ですから、どうせ各省所管の法令に踏み込むのならば、「都道府県に決められている仕事を市町村に決め直してください」という法令改正も同時にやってもらうほうが生産的かもしれない。どうせ各省の法律に踏み込むのなら、併せてそこにも介入して変えてもらったらいいのかもしれないと思いまして、もしその世界に踏み込むのなら、都道府県と市町村の関係に焦点を絞ったほうが賢明ではないかと考えています。

おわりに

1　自治体職員が改革論議に参加することを強く期待する

自由度の拡大という改革をしたら、自由が生じたら、その自由を積極的に前向きに生かしてくださる姿勢が自治体職員にない限り、成果は何も生まれないのです。ですから、「今までの通達に縛られなくてもいいのです」というだけで大変なことが起こるはずですが、起こっていないのです。実際は、それどころではないのです。

実際に起こっていることを見ていると、構造改革特区という、細々とした「うちだけこれを免除していただけませんか」というものすごくケチな話が全国で行われていますが、あれをよく調べていくととんでもないことが起こっているのです。東京市政調査会研究室が二年かけて調査をしましたところ、実に変なものがたくさん行われているのです。いろいろありますが、うちが報告書を出したり、要点は雑誌に書いたりしていますので勉強していただきたいと思います。

まず、消防法や何かで、旅館とかホテルとか劇場、映画館等々については、非常口の案内標識をきちんと掲げることが、普通の建物以上に細かく決められています。いざ火災が起こったときに、宿泊客やお客様に被害を生じないように避難口の表示を明確にするとか、夜も電灯がつくようにしなければいけないとか、いろいろな細かいことが決まっています。消防法にはそういう規定があります。

ところで、全国でどぶろく特区だとかいろいろな特区が生まれてきたときに、いわゆる旅館やホテルではない農家が民宿業を始める農家民宿というのが出てきました。旅館業として営業許可を取っていないようなところが旅館業に類することを始めるときに、「旅館並みに、ここに避難路、避難口という表示を付けろ」と言われたらものすごい投資が要るのです。そんなお金をかけていたら合わないのです。もっと手軽に民宿的なことを許してやらせて、ということなのです。だから、消防法どおりにそういう避難路の表示その他を付けなくてもいいことにしてほしい、という願いが出るわけです。「よろしい、おたくは付けなくてもいいです」というお墨付きを国からもらいたい。

もとへ戻ってみますと、消防法やその関係の規定はいろいろな細かいことを決めていますが、「特別の事情がある場合はこの限りにあらず」という条文があるのです。特別な事情があればこのとおりにやらなくてもよろしい。これは誰が判断するのか。その市町村の消防本部長、消防の責任者、そうでなければ消防署長でもいい。消防長、または消防署長が「いい」と言えばこのとおりでなくてもいいという条文があるのです。だから、それを発動して、「消防長がいいと言ったので、農家民宿にはそういう表示を付けないことにしました」、それでできるはずです。

でも、しないのです。念のために国の消防庁からお墨付きが欲しいと特区申請が出てくるのです。そうすると、特区認定というお墨付きを出してしまう。そうすると、ほかの自治体が今度同じことをしようと思うと、「あれはそのお墨付きをもらわなければ許されないらしいぞ」となってしまう。不自由になってしまうのです。勝手に「消防法のこの条文に、消防長または消防署長がこの限りにあらずと認めればいいと書いてあるので、うちはそう決めました」と言えば、ほかの自治体もみんなそれをやればいいのです。「できる」と言っても心配なのですね。そういうことが起こっているのです。

2　「法令による縛り」の具体例を説明できるのは、自治体職員しかいない

いくら「できる」と言ってもなさらないのです。でも、これをしていただかないと日本は変わらないのです。これから法令の規律が緩むと、通達どころではない、法律や政令や省令を緩めてください、縛りを緩めてくださいという話をするのですが、みんなよくわからない。聞きに来た新聞記者がまずよくわからない。知事たちも「なんか難しい言葉ですよね」と言うのですが、言葉が悪いのではなくて中身がわからないのではないかと思うのです。「法令の規律密度」なんていう難しいことをおっしゃるからわかりにくいので、俗に言えば法令による「縛り」の話をしているだけです。「縛りを緩めてくださいと言えばいいのです」と申し上げるのですが、本当によくわかっていないのは、何の法律が何を縛っているか、それがどうして不自由か、そのことについての実感がないのです。

だから、新聞記者にもわからないし、国民にもわからない。具体例を説明してくださいということになる。この具体例をわかりやすく説明できるのは、自治体職員しかいないのです。つまり、「例えば、な

ぜ学校の天井高は3メートル以上と決めなければいけないのですか。そういうことが全部細かく決まりすぎているのです」といくら言っても、何かピンと来ないらしいのです。

草加市ではありませんが、「わが市は、今までの文部科学省が決めている構造基準を全部無視して自由にやっていいというのなら、こういう新しいタイプの小学校の校舎を作ってみたい。こういう校舎を作ったら学校のイメージが変わって、もっといきいきとした学校現場になるのではないだろうか」というような学校建設のイメージがあったとします。そういう設計図、模型を作っていただいて、「こういう学校だったら楽しいと思いませんか」と市民に呼びかけてみる。でも、今の法令ではこれは許されないのです。できることなら、「私の市はこういう学校を建ててみたいのです」というのを出してみたら、市民たちが見て、「これはおもしろい。良さそうじゃないか。楽しそうじゃないか。そういうことを市がやりたいと思ってもやれないの？　そこまで縛っているのなら、国の縛りがおかしいのではないか」という共感が地域住民の中に生まれたら、「その改革をやってもらいましょう、分権改革ってそういうことなんだね」となる。

あるいは、全く違う例を挙げますが、京都市が新しい景観法を生かして、今までよりかなり厳しい景観条例をやろうと始めています。しかし、京都市にしてみれば、今の都市計画法や建築基準法、消防法、景観法等々の中で、ぎりぎりやれることはここまでだと考えて、景観条例を作って始めようとしていらっしゃると思うのですが、もしそんな法令の縛りがなかったならば、本当は京都市としてはこういうことをやりたい、ここまでやりたい。でも、それは今の法令上は許されないので、今はこれだけをやりたいと思っていると。

もし、京都市が本当はこれをやりたいというのをプランとして出して、京都市民の中で大議論して、規制ですからみんなが賛成なんていうことにはなりませんが、京都市中が議論して、「そこまで徹底してやるのなら、そのほうがいいのではないか」という共感が生まれたとします。「それができないと縛っている国の法令はおかしい」というふうに、みんなが思ってくださるのではないでしょうか。

3　「こういうことがどうしてできないのだ」事例がもっと蓄積されることが大事

それぞれの分野について、こういう例の蓄積なしには動かないのです。「そうか、本当ならそういうことができたのかもしれないのができないのか」と。このストーンと落ちるような納得感がないと広がらないのです。そういう説明ができるのは、現場を持っている人たち、現に仕事をしている人たちだと思うので、ぜひともそれを出していただきたい。

「分権論議は地方分権改革推進委員会がやるのだろう」などと傍観しているのではなくて、「北海道が出そう」「札幌市がこの分野を提案してみよう」とか、どうせ全領域なんてどこにもできませんから、「うちは教育面について新しい提起をしてみよう」とか、「うちは福祉のことでやってみよう」とか、「うちは建築関係でやってみよう」とか、どこかの市町村がそうやって次々と分担して構想を出していく。役所が出すほうが望ましいですが、そうではなくて一職員としての提案だっていいのです。ともかく、「こういうことがどうしてできないのだ」というのがもっと蓄積されることが大事ではないかと思っています。

ご清聴をありがとうございました。（拍手）

（本稿は、二〇〇七年五月一四日に、北海学園大学六〇番教室で開催された地方自治土曜講座の講演を記録したものです。）

著者紹介

西尾　勝（にしお・まさる）

財団法人東京市政調査会理事長

一九六一年東京大学法学部卒業、東京大学法学部助手・助教授を経て、一九七四〜一九九九年同教授。一九九九年〜二〇〇六年国際基督教大学教授。二〇〇六年より現職。

主な著書に『権力と参加』『行政学の基礎概念』『地方分権改革』（東京大学出版会）、『行政学』（有斐閣）、『未完の分権改革』（岩波書店）など多数。

刊行のことば

「時代の転換期には学習熱が大いに高まる」といわれています。今から百年前、自由民権運動の時代、福島県の石陽館など全国各地にいわゆる学習結社がつくられ、国会開設運動へと向かう時代の大きな流れを形成しました。学習を通じて若者が既成のものの考え方やパラダイムを疑い、革新することで時代の転換が進んだのです。

そして今、全国各地の地域、自治体で、心の奥深いところから、何か勉強しなければならない、勉強する必要があるという意識が高まってきています。

北海道の百八十の町村、過疎が非常に進行していく町村の方々が、とかく絶望的になりがちな中で、自分たちの未来を見据えて、自分たちの町をどうつくり上げていくかを学ぼうと、この「地方自治土曜講座」を企画いたしました。

この講座は、当初の予想を大幅に超える三百数十名の自治体職員等が参加するという、学習への熱気の中で開かれています。この企画が自治体職員の心にこだまし、これだけの参加になった。これは、事件ではないか、時代の大きな改革の兆しが現実となりはじめた象徴的な出来事ではないかと思われます。

現在の日本国憲法は、自治体をローカル・ガバメントと規定しています。しかし、この五十年間、明治の時代と同じように行政システムや財政の流れは、中央に権力、権限を集中し、都道府県を通じて地方を支配、指導するという流れが続いておりました。まさに「憲法は変われど、行政の流れ変わらず」でした。しかし、今、時代は大きく転換しつつあります。そして時代転換を支える新しい理論、新しい「政府」概念、従来の中央、地方に替わる新しい政府間関係理論の構築が求められています。

この講座は知識を講師から習得する場ではありません。ものの見方、考え方を自分なりに受け止めてもらう。そして是非、自分自身で地域再生の自治体理論を獲得していただく、そのような機会になれば大変有り難いと思っています。

「地方自治土曜講座」実行委員長
北海道大学法学部教授　森　啓

（一九九五年六月三日「地方自治土曜講座」開講挨拶より）

地方自治土曜講座ブックレット No. 115
地方分権改革の道筋 —自由度の拡大と所掌事務の拡大—

2007年7月31日　初版発行　　　定価（本体1，200円+税）

著　者　　西尾　　勝
企　画　　地方自治土曜講座実行委員会
発行人　　武内　英晴
発行所　　公人の友社
〒112-0002　東京都文京区小石川5－26－8
TEL 03－3811－5701
FAX 03－3811－5795
Eメール koujin@alpha.ocn.ne.jp
http://www.e-asu.com/koujin/

「官治・集権」から

「自治・分権」へ

市民・自治体職員・研究者のための

自治・分権テキスト

《出版図書目録2007.7》

公人の友社

120-0002　東京都文京区小石川５－26－８
TEL　03-3811-5701
FAX　03-3811-5795
メールアドレス　koujin@alpha.ocn.ne.jp

●ご注文はお近くの書店へ

小社の本は店頭にない場合でも、注文すると取り寄せてくれます。

書店さんに「公人の友社の『○○○○』をとりよせてください」とお申し込み下さい。５日おそくとも10日以内にお手元に届きます。

●直接ご注文の場合は

電話・ＦＡＸ・メールでお申し込み下さい。（送料は実費）

TEL　03-3811-5701　FAX　03-3811-5795
メールアドレス　koujin@alpha.ocn.ne.jp

（価格は、本体表示、消費税別）

「地方自治土曜講座」ブックレット

《平成7年度》

No.1
現代自治の条件と課題
神原勝 [品切れ]

No.2
自治体の政策研究
森啓 600円

No.3
現代政治と地方分権
山口二郎 [品切れ]

No.4
行政手続と市民参加
畠山武道 [品切れ]

No.5
成熟型社会の地方自治像
間島正秀 [品切れ]

No.6
自治体法務とは何か
木佐茂男 [品切れ]

No.7
自治と参加アメリカの事例から
佐藤克廣 [品切れ]

No.8
政策開発の現場から
小林 勝彦・大石和也・川村喜芳
[品切れ]

《平成8年度》

No.9
まちづくり・国づくり
五十嵐広三・西尾六七 [品切れ]

No.10
自治体デモクラシーと政策形成
山口二郎 [品切れ]

No.11
自治体理論とは何か
森啓 [品切れ]

No.12
池田サマーセミナーから
間島正秀・福士明・田口晃 [品切れ]

No.13
憲法と地方自治
中村睦男・佐藤克廣 [品切れ]

No.14
まちづくりの現場から
斎藤外一・宮嶋望 [品切れ]

No.15
環境問題と当事者
畠山武道・相内俊一 [品切れ]

No.16
情報化時代とまちづくり
千葉純・笹谷幸一 [品切れ]

No.17
市民自治の制度開発
神原勝 [品切れ]

《平成9年度》

No.18
行政の文化化
森啓 [品切れ]

No.19
政策法学と条例
阿倍泰隆 [品切れ]

No.20
政策法務と自治体
岡田行雄 [品切れ]

No.21
分権時代の自治体経営
北良治・佐藤克廣・大久保尚孝
[品切れ]

No.22
地方分権推進委員会勧告と
これからの地方自治
西尾勝 500円

No.23
産業廃棄物と法
畠山武道 [品切れ]

No.25
自治体の施策原価と事業別予算
小口進一 600円

No.26
地方分権と地方財政
横山純一 [品切れ]

《平成10年度》

No.27
比較してみる地方自治
田口晃・山口二郎 [品切れ]

No.28
議会改革とまちづくり
森啓 400円

No.29
自治の課題とこれから
逢坂誠二 [品切れ]

No.30
内発的発展による地域産業の
振興
保母武彦 [品切れ]

No.31
地域の産業をどう育てるか
金井一頼 600円

No.32
金融改革と地方自治体
宮脇淳 600円

No.33
ローカルデモクラシーの統治
能力
山口二郎 400円

No.34
政策立案過程への「戦略計画」
手法の導入
佐藤克廣 [品切れ]

No.35
98サマーセミナーから
「変革の時」の自治を考える
［品切れ］

No.36
地方自治のシステム改革
辻山幸宣 ［品切れ］

No.37
分権時代の政策法務
礒崎初仁 ［品切れ］

No.38
地方分権と法解釈の自治
兼子仁 ［品切れ］

No.39
市民的自治思想の基礎
今井弘道 500円

No.40
自治基本条例への展望
辻道雅宣 ［品切れ］

No.41
少子高齢社会と自治体の福祉法務
加藤良重 400円

《平成11年度》

No.42
改革の主体は現場にあり
山田孝夫 900円

No.43
自治と分権の政治学
鳴海正泰 1,100円

No.44
公共政策と住民参加
宮本憲一 1,100円

No.45
農業を基軸としたまちづくり
小林康雄 800円

No.46
これからの北海道農業とまちづくり
篠田久雄 800円

No.47
自治の中に自治を求めて
佐藤 守 1,000円

No.48
介護保険は何を変えるのか
池田省三 1,100円

No.49
介護保険と広域連合
大西幸雄 1,000円

No.50
自治体職員の政策水準
森啓 1,100円

No.51
分権型社会と条例づくり
篠原 一 1,000円

No.52
自治体における政策評価の課題
佐藤克廣 1,000円

No.53
小さな町の議員と自治体
室崎正之 900円

No.54
地方自治を実現するために法が果たすべきこと
木佐茂男 ［未刊］

No.55
改正地方自治法とアカウンタビリティ
鈴木庸夫 1,200円

No.56
財政運営と公会計制度
宮脇淳 1,100円

No.57
自治体職員の意識改革を如何にして進めるか
林嘉男 1,000円 ［品切れ］

《平成12年度》

No.59
環境自治体とISO
畠山武道 700円

No.60
転型期自治体の発想と手法
松下圭一 900円

No.61
分権の可能性
スコットランドと北海道
山口二郎 600円

No.62
機能重視型政策の分析過程と財務情報
宮脇淳 800円

No.63
自治体の広域連携
佐藤克廣 900円

No.64
分権時代における地域経営
見野全 700円

No.65
町村合併は住民自治の区域の変更である。
森啓 800円

No.66
自治体学のすすめ
田村明 900円

No.67
市民・行政・議会のパートナーシップを目指して
松山哲男 700円

No.69
新地方自治法と自治体の自立
井川博 900円

No.70
分権型社会の地方財政
神野直彦 1,000円

No.71
自然と共生した町づくり
宮崎県・綾町
森山喜代香 700円

No.72
情報共有と自治体改革
ニセコ町からの報告
片山健也　1,000円

《平成13年度》

No.73
地域民主主義の活性化と自治体改革
山口二郎　600円

No.74
分権は市民への権限委譲
上原公子　1,000円

No.75
今、なぜ合併か
瀬戸亀男　800円

No.76
市町村合併をめぐる状況分析
小西砂千夫　800円

No.78
ポスト公共事業社会と自治体政策
五十嵐敬喜　800円

No.80
自治体人事政策の改革
森啓　800円

《平成14年度》

No.82
地域通貨と地域自治
西部忠　900円

No.83
北海道経済の戦略と戦術
宮脇淳　800円

No.84
地域おこしを考える視点
矢作弘　700円

No.87
北海道行政基本条例論
神原勝　1,100円

No.90
「協働」の思想と体制
森啓　800円

No.91
協働のまちづくり
三鷹市の様々な取組みから
秋元政三　700円

《平成15年度》

No.92
シビル・ミニマム再考
ベンチマークとマニフェスト
松下圭一　900円

No.93
市町村合併の財政論
高木　健二　800円

No.95
市町村行政改革の方向性
～ガバナンスとＮＰＭのあいだ
佐藤克廣　800円

No.96
創造都市と日本社会の再生
佐々木雅幸　800円

No.97
地方政治の活性化と地域政策
山口二郎　800円

No.98
多治見市の政策策定と政策実行
西寺雅也　800円

No.99
自治体の政策形成力
森啓　700円

《平成16年度》

No100
自治体再構築の市民戦略
松下圭一　900円

No.101
維持可能な社会と自治
～『公害』から『地球環境』へ
宮本憲一　900円

No.102
道州制の論点と北海道
佐藤克廣　1,000円

No.103
自治体基本条例の理論と方法
神原勝　1,100円

No.104
働き方で地域を変える
～フィンランド福祉国家の取り組み
山田眞知子　800円

《平成17年度》

No.107
公共をめぐる攻防
～市民的公共性を考える
樽見弘紀　600円

No.108
三位一体改革と自治体財政
岡本全勝・山本邦彦・北良治・逢坂誠二・川村喜芳　1,000円

No.109
連合自治の可能性を求めて
サマーセミナー in 奈井江
松岡市郎・堀則文・三本英司・佐藤克廣・砂川敏文・北　良治　他
1,000円

No.110
「市町村合併」の次は「道州制」か
高橋彦芳・北良治・脇紀美夫・碓井直樹・森啓　1,000円

No.111
コミュニティビジネスと建設帰農
松本懿・佐藤　吉彦・橋場利夫・山北博明・飯野政一・神原勝
1,000円

《平成18年度》

No.112
「小さな政府」論とはなにか
牧野富夫　700円

No.113
栗山町発・議会基本条例
橋場利勝・神原勝　1,200円

No.114
北海道の先進事例に学ぶ
宮谷内留雄・安斎保・見野全・佐藤克廣・神原勝　1,000円

No.115
地方分権改革の道筋
―自由度の拡大と所掌事務の拡大―
西尾　勝　1,200円

「地方自治ジャーナル」ブックレット

No.2
政策課題研究の研修マニュアル
首都圏政策研究・研修研究会
1,359円［品切れ］

No.3
使い捨ての熱帯林
熱帯雨林保護法律家リーグ　971円

No.4
自治体職員世直し志士論
村瀬誠　971円

No.5
行政と企業は文化支援で何ができるか
日本文化行政研究会　1,166円

No.7
パブリックアート入門
竹田直樹　1,166円［品切れ］

No.8
市民的公共と自治
今井照　1,166円［品切れ］

No.9
ボランティアを始める前に
佐野章二　777円

No.10
自治体職員の能力
自治体職員能力研究会　971円

No.11
パブリックアートは幸せか
山岡義典　1,166円

No.12
市民がになう自治体公務
パートタイム公務員論研究会
1,359円

No.13
行政改革を考える
山梨学院大学行政研究センター
1,166円

No.14
上流文化圏からの挑戦
山梨学院大学行政研究センター
1,166円

No.15
市民自治と直接民主制
高寄昇三　951円

No.16
議会と議員立法
上田章・五十嵐敬喜　1,600円

No.17
分権段階の自治体と政策法務
松下圭一他　1,456円

No.18
地方分権と補助金改革
高寄昇三　1,200円

No.19
分権化時代の広域行政
山梨学院大学行政研究センター
1,200円

No.20
あなたのまちの学級編成と地方分権
田嶋義介　1,200円

No.21
自治体も倒産する
加藤良重　1,000円

No.22
ボランティア活動の進展と自治体の役割
山梨学院大学行政研究センター
1,200円

No.23
新版・2時間で学べる「介護保険」
加藤良重　800円

No.24
男女平等社会の実現と自治体の役割
山梨学院大学行政研究センター
1,200円

No.25
市民がつくる東京の環境・公害条例
市民案をつくる会　1,000円

No.26
東京都の「外形標準課税」はなぜ正当なのか
青木宗明・神田誠司　1,000円

No.27
少子高齢化社会における福祉のあり方
山梨学院大学行政研究センター
1,200円

No.28
財政再建団体
橋本行史　1,000円［品切れ］

No.29
交付税の解体と再編成
高寄昇三　1,000円

No.30
町村議会の活性化
山梨学院大学行政研究センター
1,200円

No.31
地方分権と法定外税
外川伸一　800円

No.32
東京都銀行税判決と課税自主権
高寄昇三　1,000円

No.33
都市型社会と防衛論争
松下圭一　900円

No.34
中心市街地の活性化に向けて
山梨学院大学行政研究センター
1,200円

No.35
自治体企業会計導入の戦略
高寄昇三　1,100円

No.36
行政基本条例の理論と実際
神原勝・佐藤克廣・辻道雅宣
1,100円

No.37
市民文化と自治体文化戦略
松下圭一　800円

No.38
まちづくりの新たな潮流
山梨学院大学行政研究センター
1,200円

No.39
ディスカッション・三重の改革
中村征之・大森彌　1,200円

No40
政務調査費
宮沢昭夫　1,200円

No41
市民自治の制度開発の課題
山梨学院大学行政研究センター
1,100円

No42
《改訂版》自治体破たん
・「夕張ショック」の本質
橋本行史　1,200円

No43
分権改革と政治改革
～自分史として
西尾勝　1,200円

No44
自治体人材育成の着眼点
浦野秀一・井澤壽美子・野田邦弘・
西村浩・三関浩司・杉谷知也・坂口
正治・田中富雄　1,200円

No45
障害年金と人権
―代替的紛争解決制度と大学・
専門集団の役割―
橋本宏子・森田明・湯浅和恵・池原
毅和・青木久馬・澤静子・佐々木久
美子　1,400円

TAJIMI CITY ブックレット

No.2
転型期の自治体計画づくり
松下圭一　1,000円

No.3
これからの行政活動と財政
西尾勝　1,000円

No.4
構造改革時代の手続的公正と
第2次分権改革
手続的公正の心理学から
鈴木庸夫　1,000円

No.5
自治基本条例はなぜ必要か
辻山幸宣　1,000円［品切れ］

No.6
自治のかたち法務のすがた
政策法務の構造と考え方
天野巡一　1,100円

No.7
自治体再構築における
行政組織と職員の将来像
今井照　1,100円

No.8
持続可能な地域社会のデザイン
植田和弘　1,000円

No.9
政策財務の考え方
加藤良重　1,000円

No.10
市場化テストをいかに導入す
るべきか　～市民と行政
竹下譲　1,000円

朝日カルチャーセンター 地方自治講座ブックレット

No.1
自治体経営と政策評価
山本清　1,000円

No.2
ガバメント・ガバナンスと
行政評価システム
星野芳昭　1,000円

No.4
政策法務は地方自治の柱づくり
辻山幸宣　1,000円

No.5
政策法務がゆく
北村喜宣　1,000円

政策・法務基礎シリーズ
—東京都市町村職員研修所編

No.1
これだけは知っておきたい
自治立法の基礎
600円［品切れ］

No.2
これだけは知っておきたい
政策法務の基礎
800円

地域ガバナンスシステム・シリーズ
（龍谷大学地域人材・公共政策開発システム
オープン・リサーチ・センター企画・編集）

No.1
地域人材を育てる自治体研修改革
土山希美枝　900円

No.2
公共政策教育と認証評価システム—日米の現状と課題—
坂本勝　編著　1,100円

No.3
暮らしに根ざした心地良いまち
野呂昭彦・逢坂誠二・関原剛・吉本哲郎・白石克孝・堀尾正靱
1,100円

都市政策フォーラムブックレット
（首都大学東京・都市教養学部
都市政策コース　企画）

No.1
「新しい公共」と新たな支え合いの創造へ—多摩市の挑戦—
首都大学東京・都市政策コース
900円

シリーズ「生存科学」
（東京農工大学生存科学研究拠点
企画・編集）

No.2
再生可能エネルギーで地域がかがやく
—地産地消型エネルギー技術—
秋澤淳・長坂研・堀尾正靱・小林久著
1,100円

No.4
地域の生存と社会的企業
—イギリスと日本とのひかくをとおして—
柏雅之・白石克孝・重藤さわ子
1,200円

No.5
地域の生存と農業知財
澁澤　栄／福井　隆／正林真之
1,000円

No.6
風の人・土の人
—地域の生存とNPO—
千賀裕太郎・白石克孝・柏雅之・福井隆・飯島博・曽根原久司・関原剛
1,400円